LLANW BWLCH

LLANW BWLCH

—◦—

Hunangofiant

John Albert Evans

—◦—

Gomer

I Tegwen a'r merched – Elin, Beca a Manon,
a'r bechgyn – Richard a Rhys
a'r plantos bach – Iolo, Mali, Jemeima, a Dafydd
Ac er cof am Mam a Dat a Mair a Lloyd

Cyhoeddwyd yn 2010 gan
Wasg Gomer, Llandysul, Ceredigion SA44 4JL

ISBN 978 1 84851 207 8

Dymuna'r cyhoeddwyr gydnabod cymorth
Cyngor Llyfrau Cymru.

Argraffwyd a rhwymwyd yng Nghymru gan
Wasg Gomer, Llandysul, Ceredigion

CYNNWYS

CYFLWYNIAD

PAN GLYWAIS fod Wayne Rooney wedi ysgrifennu ei hunangofiant cyn cyrraedd ei 25 oed, meddyliais efallai bod gen i rywbeth y gallwn ysgrifennu amdano. Ar ôl i mi fod yn rhoi sgwrs i wahanol gymdeithasau, weithiau byddai ambell un o'r gwrandawyr yn dweud, 'Dylet ti roi'r pethe 'ma ar bapur'. Dyna beth dw i wedi ceisio'i wneud yma. Mae'r llyfr hefyd wedi bod yn gyfle i mi ddweud diolch yn fawr wrth nifer o bobl a oedd mewn amrywiol ffyrdd yn arwyr i mi, ac yn bobl roedd gen i barch mawr tuag atynt. Go brin bod enwau llawer ohonynt wedi ymddangos mewn print o'r blaen.

Heblaw am adroddiadau gwaith ym Morgannwg Ganol, ychydig dw i wedi'i ysgrifennu ers dyddiau coleg, a dw i ddim yn siŵr i mi lwyddo i wneud cyfiawnder llawn ag aml i berson wrth geisio diolch iddynt. I'r nifer o bobl y dylwn fod wedi eu cynnwys, ond sydd wedi eu hepgor, mae'n ddrwg gen i – ro'dd hynny'n hollol anfwriadol.

Pleser yw cael diolch i nifer o bobl am eu hamynedd a'u gofal wrth sicrhau bod y llyfr yn gweld golau dydd. Diolch yn arbennig i Wasg Gomer am roi'r hyder i mi ddechrau ar y gwaith, ac am ddiwyg hyfryd y llyfr. Diolch i Paula Jones, y Maerdy, am ei theipio taclus a chaboledig, ac am ei gallu i ddeall fy ysgrifen – cofiaf iddi gael profiad helaeth o'm sgribl pan oedd yn ysgrifenyddes i mi ym Morgannwg Ganol! Diolch i Tegwen am ei hanogaeth gyson, a'i gallu i weld camgymeriadau wrth iddynt ddisgyn ar y papur. Diolch i Dafydd Saer am ei waith golygyddol trwyadl a gofalus.

John Albert Evans
Cilgwyn, Llysfaen, 2010

7

BWLCH-LLAN

MAE'N DEBYG fy mod wedi gweld golau dydd am y tro cynta ddiwedd Mawrth 1937 yn Aeron View, Bwlch-llan. Mae'r enw 'Aeron View' yn egluro'i hun, ond rhyfedd yw meddwl – ar ôl i'r hen gartref fod yn y teulu am tua chanrif a hanner – bod y teulu o Loegr sydd bellach yn byw yno wedi ei ailenwi yn 'Golwg Aeron'. Mae hyn siŵr o fod yn dweud llawer amdanon ni fel Cymry a'n 'cariad' at ein hiaith. Mae'r teulu sy'n byw yn Aeron View ar hyn o bryd wedi gosod esiampl ardderchog i'r mewnfudwyr eraill. Aeth Linda Carlisle, gwraig y tŷ, ati i ddysgu Cymraeg yn syth, gwnaeth Lefel A, ac yna aeth i'r brifysgol yn Aberystwyth lle graddiodd yn y Gymraeg. Bellach mae'n athrawes Gymraeg yn Nhregaron. Cyrhaeddodd rownd derfynol Dysgwr y Flwyddyn hefyd. Caiff ein teulu groeso brwd ganddi pan alwn weithiau yn yr hen gartref.

Fydd neb yn pasio trwy Fwlch-llan ar y ffordd i unman – yn wir, mae'r pentre mor fach, gellid yn hawdd mynd heibio heb sylweddoli ei fod yn bodoli. Cafodd gryn dipyn o enwogrwydd, mae'n siŵr, oherwydd enw'r ysgolhaig disglair John Davies – 'Bwlch-llan' – er i mi ei atgoffa droeon y byddai John 'Treorci' yn fwy addas, am mai oddi yno y daeth ei deulu i Fwlch-llan pan apwyntiwyd ei fam yn brifathrawes ar ysgol y pentre, lle gwnaeth gyfraniad gwerthfawr i'r ardal tan ei hymddeoliad.

Ro'dd Bwlch-llan, neu Bwlch-y-llan fel ro'dd llawer yn ei alw, yn bentre bach prysur unieithog pan o'n i'n blentyn. Ro'dd yno ddwy siop, swyddfa bost, efail y gof, crydd, ysgol, a chapel ac eglwys. Erbyn hyn, dim ond y capel sy'n dal yno. Bu capel y Methodistiaid, a agorwyd yn 1841, yn ganolog i holl weithgareddau crefyddol a chymdeithasol yr ardal erioed, ac mae'n dal i fod felly. Bu'r teulu yn allweddol i ffyniant yr achos ym Mwlch-llan am gyfnod maith. Bu fy nhad-cu, y Parchedig

9

Howell Lloyd, yn weinidog ar yr eglwys o 1877 tan ei ymddeoliad adeg y Pasg yn 1923. Bu Diwygiad 1859 yn ddylanwad trwm arno ef ac ar lawer o ieuenctid y cyfnod. Ro'dd ganddo enw fel gweddïwr mawr, hyd yn oed pan oedd yn ugain oed. Bu Mam-gu farw pan oedd Mam yn ddim ond pedair ar ddeg oed, a bu raid iddi adael yr ysgol, yn ôl arferiad y cyfnod, i edrych ar ôl ei thad a'i brawd. Bryd hynny, ychydig iawn a gâi gyfle i dderbyn addysg brifysgol, ond fe aeth Wncwl John i'r brifysgol yn Aberystwyth lle cafodd radd dosbarth cyntaf mewn Gwyddoniaeth. Yn ddigon naturiol, o ystyried ei gefndir, amaethyddiaeth oedd ei brif ddiddordeb ac yn ddiweddarach cafodd ei apwyntio'n brifathro coleg amaethyddol Pibwrlwyd, Caerfyrddin, ac ar ôl hynny sefydlodd y coleg a ad-leolwyd yn ddiweddarach i'r Gelli Aur. Ro'dd yna barch rhyfedd gan bobl Bwlch-llan at y rhai oedd wedi elwa ar addysg y cyfnod: bob haf, pan ddeuai fy ewythr adre, câi wahoddiad i holi'r Ysgol Sul, ac fe'i cyflwynid fel 'Principal Lloyd', a hynny'n aml iawn gan ei berthnasau, er syndod i mi.

Ro'dd fy mam a'i brawd yn agos dros ben. Byddai fy mam yn sgrifennu llythyr ato ef a'r teulu bob nos Iau, a byddai yntau'n ateb bob dydd Sadwrn. Dros gyfnod o drigain mlynedd byddai llythyr o Gaerfyrddin neu o'r Gelli Aur yn cyrraedd Aeron View bob bore Llun.

Ro'n i wrth fy modd yn mynd i Bibwrlwyd a'r Gelli Aur bob haf – ro'dd eu mab Howell Lloyd a minnau bron yr un oed. Cawsom gymaint o hwyl mewn amrywiol ffyrdd. Ro'dd gan fy ewythr goed afalau arbennig a dwi'n cofio un haf fod ganddo goeden fach newydd gydag afalau cochion yn pingo arni. Cawsom orchymyn nad oeddem i fwyta yr un ohonynt ond, un diwrnod, a'r oedolion wedi mynd i'r dref, pleser pur fu ildio i'r demtasiwn, a bwyta afal rhyngom. Ar ôl i fy ewythr sylweddoli bod un afal yn eisiau, cawsom orchymyn i fod yn *confined to barracks* am ddiwrnod.

Cofiaf yn iawn fy ewythr yn dweud, 'Peidiwch chi meiddio tynnu afal arall o'r goeden'. Ar y pryd, cytunwyd â'r ordor ond, yn ddiweddarach, a Howell a minnau gartref ar ein pennau'n hunain unwaith eto, cafwyd trafodaeth am ddyfodol yr afalau cochion. Penderfynwyd nôl ysgol, a bwyta afal oddi ar y goeden, gan mai cais i beidio *tynnu* afal a gawsom. Bu'r fenter yn llwyddiannus, ond ro'dd y stwmpyn yn amlwg braidd, yn hongian ar y goeden. Diolch byth bod gan Wnwcl John ryw gymaint o hiwmor, a gwelodd ochr ddoniol ein blaengaredd amheus. Tybed a lwyddodd rhywun arall erioed i fwyta afal heb ei dynnu o'r goeden? Yn ddiweddarach, dilynodd Howell yrfa ddisglair iawn ym mhrifysgolion Aberystwyth a Rhydychen. Wedi hynny, bu'n athro hanes llwyddiannus ym mhrifysgol Hull. Pan oeddem yn blant gwnâi Howell yn siŵr nad oedd fy addysg gynnar yn dioddef, drwy sicrhau fy mod yn cael ôl-rifynnau o *Dandy, Beano* a *Hotspur* ond ni chawn fyth eu darllen ar y Sul.

Ie, 'Chwe diwrnod y gweithi a gwneud dy holl waith ond y seithfed dydd . . .' Ro'dd nos Sadwrn yn lle prysur iawn yn ein tŷ ni. Byddai pob dyletswydd roedd yn bosibl ei chyflawni yn cael ei chwblhau ar y nos Sadwrn. Byddai hyn yn cynnwys sicrhau bod digon o ddŵr a glo yn y tŷ, paratoi'r llysiau ar gyfer y Sul, a sicrhau bod clos y fferm yn lân a thaclus. Ro'dd y parch yma at y Saboth yn gallu bod yn broblem adeg y cynhaeaf. Pan fyddai'r tywydd yn ddrwg iawn a'r gwair ar lawr yn aros i'w gywain i'r ydlan, do'dd dim gwahaniaeth os byddai'n ddiwrnod bendigedig ar y Sul – fyddai neb yn yr ardal yn meddwl am y cynhaeaf – 'Chwe diwrnod y gweithi . . .' Flynyddoedd yn ddiweddarach, cofiaf yn iawn glywed sŵn tractor ar y Sul, a bu'r perchennog yn destun siarad am wythnosau.

Ro'dd y Parchedig Talog Davies yn offeiriad gweithgar a chydwybodol yn eglwys y plwyf yn Nantcwnlle, ond mewn ardal lle ro'dd Anghydffurfiaeth mor gryf, ychydig iawn o aelodau oedd yn mynychu'r cyfarfodydd. Yn eu plith ro'dd y diweddar Wir Barchedig George Noakes, cyn-Archesgob Cymru, a fu'n aelod gweithgar yno. Os cofiaf yn iawn, bu i ddau neu dri o aelodau'r capel droi at yr offeiriadaeth, ac yn sicr nid oedd hyn yn gorblesio'r saint. Byddem yn cael ymweld â'r eglwys adeg y cyfarfod diolchgarwch i sicrhau bod yno gynulleidfa dda, ac i helpu gyda'r canu. Yn anffodus, mae'r eglwys bellach wedi ei gwerthu, ac yn cael ei haddasu i fod yn dŷ annedd i bobl o wlad arall.

Ro'dd y capel a'r ardal yn llawn o gymeriadau diddorol a lliwgar. Arhosodd dylanwad y rhain arnaf, a hir y cofiaf am eu cyfraniadau i'r gymdeithas gyfeillgar-feirniadol a fodolai. Dw i'n hollol sicr taw ym Mwlch-llan y cefais yr addysg orau – nid yn yr ysgol, ond yn y gymdeithas a'i hamrywiol weithgareddau.

Ro'dd y cyfarfod gweddi yn ganolog i weithgareddau'r capel, a nifer fawr o'r blaenoriaid yn gweddïo mewn amrywiol ffyrdd 'o'r frest'. Dechreuai Dafydd Bryngalem bob gweddi yn uchel ei gloch, 'O Arglwydd mawr . . .' Wedyn byddai'n hollol amhosibl deall gair oherwydd ei sibrwd tawel, ac yna'n sydyn deuai 'AMEN' sicr, a gwyddai pawb ei fod wedi gorffen.

Deuthum i'r casgliad bod rhywun wedi taflu rhywbeth at Dafydd Dafis, Goetre Villa, pan fyddai'n gweddïo. Ro'dd ganddo farc mawr ar ei ben moel, ac ni fyddai byth yn cau ei lygaid – rhag ofn!

Daeth gŵr o'r enw Mr Munkley i'r cyfarfod gweddi un nos Sul. Ro'dd ef newydd brynu fferm Pantrychen ac wedi symud o 'Leicester' – Caerlŷr yn y Gymraeg. Ef, mi dybiaf, oedd y Sais cyntaf i ddod i'r capel, a hir y cofiaf John Islwyn Jones (blaenor y gân) yn cyhoeddi, 'Wi haf an Inglishman in ddy syrfis twneit – wi shal sing Him 896 – "Jesiw lofer of mai sôl – Let mi tw ddai bosom fflei"!' Canwyd yr emyn gydag arddeliad, wrth gwrs.

Ar ddechrau pob blwyddyn, cynhelid wythnos o gyfarfodydd gweddi yn y festri. Yr adeg hynny byddai'r gwragedd yn eistedd ar y dde, a'r dynion ar y chwith. Byddai pedwar person gwahanol yn gweddïo bob nos a hynny 'o'r frest', wrth gwrs. Yn y gwmnïaeth hon y dysgais bwysigrwydd siarad yn gyhoeddus, wrth gael aml i gyfle i baratoi papur ar gyfer cyfarfod misol neu'r gymanfa bwnc.

Mae'n debyg na châi'r gymanfa bwnc ei chynnal ym mhobman yng Nghymru. Natur y gymanfa hon oedd bod yr ysgolion Sul mewn un ardal yn dod at ei gilydd yn flynyddol i drafod darn arbennig o'r Beibl. Byddem yn dysgu adnodau ar y cof, a phob ysgol Sul yn ei thro yn adrodd yr hyn a ddysgwyd. Byddai'r oedolion i gyd wedi bod yn darllen amrywiol esboniadau yn ystod y gaeaf a chael dadlau dwys ar ddiwinyddiaeth. Hir y cofiaf un gymanfa bwnc ym Mhenuwch, a'r Parchedig Heber Evans, Llangeitho, yn holi'r gymanfa. Gofynnwyd y cwestiwn, 'Pwy oedd tad yr Apostol Paul?' Cafwyd trafodaeth frwd, danllyd a dweud y gwir, a meddyliais nad oedd llawer o ysbryd yr Efengyl yn bresennol. Aeth pethau o ddrwg i waeth, a'r Parchedig druan bron â cholli rheolaeth ar y gynulleidfa. Yn sydyn, diolch byth, cafwyd munud o saib a thawelwch. Dyna hen ewythr i mi, a oedd braidd yn drwm ei glyw, yn codi ei law a chyhoeddi, 'Wel, wi'n meddwl bod yr Apostol Paul fel lot o blant bach yn Penuwch 'ma – neb yn gwybod pwy yw eu tad!' Chwarddodd pawb trwy'r lle, a dyna ddiwedd ar y drafodaeth. Amseru perffaith, ac enghraifft o ddoniolwch syml hollol anfwriadol cefn gwlad.

Ro'dd tir ffermio yr ardal yn gyffredin iawn. Yn aml, ro'dd y tir naill ai'n rhy wlyb neu'n rhy garegog, ac ro'dd cael dau ben llinyn ynghyd yn broblem i nifer o deuluoedd. Diolch byth, ro'dd cymwynasgarwch yn elfen gref iawn o natur y gymdeithas. Do'dd neb yn fwy parod ei gymwynas na J Samuel Jones, Penlanwnws, neu Johnny Penlan fel y byddai pawb yn ei adnabod. Bu'n ffrind da i ni fel teulu ac ro'dd ei sgìl lladd mochyn yn apelio'n fawr ataf fel plentyn. Byddai'n mynd yn ei gart a'i geffyl yn flynyddol i helpu Dafydd Edwardes, y cymeriad enwog hwnnw o Benuwch, adeg y cynhaeaf gwair. Mae gen i gof i Dafydd fynd yn sâl bob blwyddyn pan oedd hi'n amser y cynhaeaf gwair, a byddai Johnny 'Samariad' Jones yn fwy na pharod i deithio milltiroedd i'w helpu.

Bu Johnny Penlan yn ben-blaenor am gyfnod hir ac mae'n rhyfeddol iddo lwyddo i fynychu'r oedfa dair gwaith bob Sul, a'i fferm o leiaf filltir a hanner o'r capel. Ie, cerddai naw milltir ar y Sul, a chyn y cyfarfod nos byddai'n gorfod godro cryn nifer o wartheg hefyd, gyda chymorth Annie ei wraig. Dw i ddim yn meddwl iddo erioed yrru car, ond fe brynodd dractor Ferguson. Yn ei flynyddoedd olaf, byddai'n dod hanner ffordd i'r capel ar y Ffergi, ond oherwydd ei barch at yr achos, byddai'n parcio'r peiriant mewn cae ymhell o olwg y capel.

Bob blwyddyn byddwn yn prynu sachaid o datws gan Johnny. Wrth i mi eu casglu yn y car, byddai'n dweud – 'Cer i'r tŷ i siarad â'r wraig'. Ar ôl cyrraedd adre gwelwn fod yna foron a swej a bresych yng nghist y car, yn ogystal â'r tatws.

Ro'dd yna gymeriad digartre yn yr ardal a fyddai'n helpu o gwmpas y ffermydd. Treuliai lawer o'i amser yn Panlanwnws. Cafodd John Reynolds, druan, ofal a pharch gan Johnny ac Annie – yn wir, cafodd gartre yno. Ar ôl iddo farw cafodd ei gladdu ym mynwent y capel, a rhoddodd Johnny garreg fechan ar ei fedd. Cofiaf ddweud yr hanes hwn wrth fy mhlant un diwrnod yn y fynwent ac, yn syth, dyma nhw'n rhedeg a rhoi tusw o flodau gwyllt ar ei fedd. Bellach, bob tro yr af i'r fynwent i roi blodau ar fedd fy rhieni, byddaf yn sicrhau bod blodyn i'w roi ar fedd John Reynolds hefyd.

Bu colli Johnny Penlan yn golled fawr iawn i'r gymdogaeth. Bu farw adeg eira mawr 1983, a thrist yw cofio iddo gael ei gario i'w fedd yn sgŵp y Jac Codi Baw. Na, does dim llawer o bobl fel fe ar ôl, er y gallwn sôn am nifer o rai eraill oedd yn debyg iddo.

*

Roedden ni'n deulu o dri o blant – fy chwaer Charlotte Mair, fy mrawd Howell Lloyd, a minnau. Ro'dd fy chwaer wyth mlynedd yn hŷn na fi, a Lloyd chwe blynedd. Bu Lloyd farw yn 1995 ar ôl gweithio fel athro a phrifathro hynod lwyddiannus yng Nghaerdydd a'r Barri. Yn dilyn traddodiad y teulu, arhosodd Mair adref i helpu Mam ar y fferm. Gweithiodd hefyd yn ysgol y pentref am flynyddoedd. Bu farw adeg y Pasg 2009. Ro'dd rhywun yn dweud bod pobl Bwlch-llan yn perthyn i'w gilydd fel perfedd mochyn, a hawdd yw deall hynny o gofio'r nifer o antis ac wncwls o'dd gen i'n blentyn.

Dyn 'o bant' o'dd Dat – o Dre-fach Felindre, yn un o dri ar ddeg o blant. Am ei fod o bant, mae'n siŵr, y gelwid ef wrth ei gyfenw yn 'Ifans 'Ron View', pan oedd pawb arall yn Wil Tyle, John Corgam, Lewis Tynrhos ac yn y blaen. Dyma ffordd ddigon cyfeillgar y bobl leol o bwysleisio mai wedi dod i'r ardal roedd e. Ro'dd fy nhad yn berson taclus a threfnus iawn a gweithiodd yn llawer rhy galed ar fferm fechan letchwith – ro'dd yn wlyb a llechweddog. Ei uchelgais oedd fferm fawr yn Nyffryn Towy i sicrhau digon o waith i fi a 'mrawd. Ni lwyddodd i gyflawni ei uchelgais – yn bennaf oherwydd amharodrwydd Mam i symud o Fwlchllan. Ro'dd Dat yn berson diddorol iawn: ro'dd wedi treulio cyfnod yn y fyddin yng Nghanada ac America. Bu'n gweithio ar ffermydd fel gwas bach, gan gysgu yn y llofft stabal, cyn gweithio am gyfnod gyda'i dad, Ebeneser Evans, yn y ffatri wlân. Mae'n debyg taw prinder gwaith a fu'n gyfrifol am i 'nhad a dau o'i frodyr benderfynu ymfudo am gyfnod i'r America. Ar ôl iddo adael y fyddin, arhosodd yn Calgary, Canada, am gyfnod lle bu'n gyrru lorïau ar draws Canada, ac yn ôl yr hanes dychwelodd i Gymru wedi cynilo swm go dda o arian. Yn anffodus, yn ei absenoldeb, ro'dd ei chwaer, a oedd yn cadw siop fach yng Nghymru, wedi mynd i ddyled ariannol fawr oherwydd gor-ddefnydd o'r llechen gan ei chwsmeriaid. Ro'dd hi yn y 'seilym' yng Nghaerfyrddin, a barn y meddygon oedd y byddai'n gwella petai modd talu ei dyledion. Dyna a wnaeth fy nhad, ac yn wir daeth ei chwaer allan o'r ysbyty, ond bu farw flwyddyn yn ddiweddarach o drawiad ar y galon. Ie, gweithred y Samariad trugarog, ond dwi'n siŵr fod colli ei chwaer mor fuan wedyn wedi bod yn ergyd fawr iddo. Ro'dd e'n denor da – fel chwech o'i frodyr, oedd yn canu yng Nghôr Bargoed Teifi o dan arweinyddiaeth brawd arall, Albert Evans. Bu 'nhad farw pan o'n i yn y chweched dosbarth. Byddwn wedi hoffi gallu cofnodi llawer mwy am ei hynt a'i helynt, ond pan oeddwn yn blentyn, prin oedd y diddordeb.

Daeth hi'n amser i mi fynd i'r ysgol, Bwlch-llan County Primary School, lle dechreuwyd ar y broses o'm troi'n Sais! Diolch i'r nefoedd, ni chafwyd llwyddiant. Mae gen i gof dysgu rhai *nursery rhymes* yn adran y babanod, a diolch i ofal tyner yr athrawes, nifer o hwiangerddi hyfryd iawn. Cofiaf yn iawn ddod i ddiwedd fy arhosiad yn adran y babanod, a dychrynu wrth feddwl y byddai'n rhaid i mi fynd i'r adran iau at Mr Roberts. Ro'dd ei ofn ef arnaf cyn cyrraedd ei 'stafell oherwydd ro'dd gen i gof byw iawn o glywed y gansen yn cael ei defnyddio bron bob dydd. Buan y cefais brofiad personol o'r gansen – pren mesur llathen o hyd, rhan amlaf. Do'dd dim rhaid mynd dros ben llestri'n ddrwg iawn cyn y caech brofiad o'r pren.

Cofiaf yn iawn ddyfodiad rhyw ddau ddwsin o ifaciwîs i'r ysgol rhyw fore Llun. Ro'dd eu nifer bron yn dyblu poblogaeth yr ysgol. Daeth llawer ohonynt o Lerpwl. Do'dd dod â chynifer o ifaciwîs i gefn gwlad Cymru yn ddim llai na chreulondeb, yn fy meddwl i. Yn aml, deuai plant bach uniaith Saesneg ifanc iawn i aros at deuloedd uniaith Gymraeg, a hynny'n aml at hen bobl. Cofiaf un grŵp o Lerpwl yn dda iawn. Aeth Ronnie Horne i Bwlchgraig, Esther ei chwaer i Frongoch, a Doreen, chwaer arall, i Arfryn. Yn fuan iawn daeth y rhain i siarad Cymraeg yn dda – am fod rhaid iddynt. Yn wir, arhosodd Doreen ym Mwlch-llan am flynyddoedd ar ôl y rhyfel a dod yn athrawes Gymraeg ar ôl cael gofal arbennig gan Mr a Miss Herbert, Arfryn. Mae hi bellach yn ôl yn Lerpwl ond mae'n dal ei chysylltiadau â Bwlch-llan, ac yn dal i fod yn rhugl yn y Gymraeg.

Diolch byth i Mr Roberts ymddeol cyn i mi adael yr ysgol! Yn ei le apwyntiwyd Mrs Davies, gwraig o Dreorci, yn brifathrawes. Ro'dd y newid yn syfrdanol. Ro'dd hi'n berson tyner a deallus iawn – yn wir ar brydiau teimlaf efallai ei bod wedi bod yn rhy garedig wrth rabscaliwns cefn gwlad sir Aberteifi. Ro'dd ei mab John a fi yr un oedran bron, a buan iawn y sylweddolais fod yna ddisgybl arbennig o alluog wedi cyrraedd Bwlch-llan o Dreorci.

Cofiaf yn dda fynd i siop y pentref ar un nos Sadwrn i brynu bara. Y siop, gyda llaw, o'dd canolbwynt bywyd y pentre ar nos Sadwrn – byddai'n cau pan fyddai'r olaf yn gadael, tua hanner nos. Ro'dd John Siop yn gymeriad diddorol iawn – erbyn i fi ei gofio gyntaf, ro'dd mewn gwth o oedran. Ar y nos Sadwrn dan sylw, a'r siop yn llawn, daeth Mrs Davies Tŷ'r Ysgol i mewn. Aeth pawb yn dawel heblaw am ambell i gyfarchiad gan hwn a'r llall.

'Ga i *doilet paper*?' gofynnodd Mrs Davies.

'Beth yw hwnnw?' gofynnodd y siopwr.

'Y *Farmer and Stock Breeder* dw i'n iwso,' meddai un person.

'Na, ma hwnnw'n rhy slic,' meddai rhywun arall.

'Y *Cymro* fydda i'n iwso,' meddai un arall eto.

'Rhywbeth tebyg i be sy gyda chi rownd yr *oranges* yw *toilet paper*,' meddai rhywun mwy deallus ar y mater dan sylw. Beth oedd y cam nesa?

'Smwddia'r papur 'na sy ar yr *oranges*, John, byddan nhw'n iawn,' meddai. Cardi deallus. A dyna gyflwyno *toilet paper* i Fwlch-llan. Noson gofiadwy – deg taflen o bapur *oranges* am geiniog!

Oedd, ro'dd yna lawer o gymeriadau hynod ddiddorol ym Mwlch-llan – pobl syml, onest, a pharod eu cymwynas oeddent ar y cyfan. Do'dd gwaith caled i ennill eu bara beunyddiol allan o dir amaethyddol eithaf caled byth yn broblem. Ond ro'dd yna ambell gymeriad rhyfeddach na'i gilydd, a'r rhyfeddaf ohonynt i gyd oedd Dafydd Gwallt Hir. Ar un adeg ro'dd ganddo swydd uchel yn un o siopau mwyaf Abertawe, cyn iddo benderfynu troi'n grwydryn. Does neb yn siŵr pam y penderfynodd droi ei gefn ar fywyd braf y ddinas, ond ro'dd yna ddwy farn gan bobl yr ardal ar y mater. Ro'dd un grŵp yn coleddu'r syniad ei fod wedi cael ei gyhuddo o ddwyn arian oddi wrth ei gyflogwyr. Dywedai pobl eraill fod ei gariad wedi ei adael ac iddo benderfynu, o ganlyniad, ddilyn bywyd o unigrwydd.

Byddai Dafydd yn pasio Ysgol Tregaron yn aml gan wthio ei bram, a oedd yn llawn o duniau dŵr, am nad oedd yn credu mewn yfed dŵr ond o nifer fach o lefydd. Byddai'n barod i aros am sgwrs gyda'r plant, a byddai'n barod iawn i ofyn cwestiynau i ni allan o'i Feibl – ro'dd ei wybodaeth o'r llyfr hwnnw'n anhygoel.

Byddai'n galw yn Aeron View weithiau i gael dŵr, ond un diwrnod fe dynnodd fy ewythr ei lun, a dyna'r tro olaf iddo alw. Ro'dd e'n gymeriad diddorol – ond trist iawn – ac mae e bellach yn rhan o chwedloniaeth yr ardal. Mae'n debyg iddo guddio tu ôl i'r clawdd ar ddydd angladd ei fam, gan wylio'r hers yn pasio. Does gen i ddim syniad beth fu ei ddiwedd, ond hoffwn wybod. Tristwch y sefyllfa oedd ei fod wedi cael llawer cynnig am help, ond ei ddewis ef oedd bywyd yr unigedd.

TREGARON

R O'DD SYMUD o ysgol fach bentrefol Bwlch-llan i ysgol fawr drefol Tregaron yn gryn dipyn o ysgytwad. Yn un peth, ro'dd llawer mwy o athrawon – Cymraeg eu hiaith, ond yn benderfynol na fyddai'r plant gwerinaidd yma yn cael eu gwenwyno'n addysgiadol trwy siarad Cymraeg yn y gwersi. Y cof sy gen i yw taw dim ond Cymraeg, Ysgrythur, a Hanes a ddysgid trwy gyfrwng y Gymraeg.

Yn gyffredinol, ro'dd yr addysg yn Nhregaron braidd yn ddiddychymyg, a'r gwersi yn y mwyafrif o'r pynciau yn dibynnu'n slafaidd ar y llyfr testun. Ro'dd gan lawer o'r athrawon broblemau disgyblaeth, ac ro'dd cadw trefn yn aml yn dibynnu'n llwyr ar ddisgyblaeth gorfforol. Gwelwyd hyn yn gyson yn y gwersi Lladin, Mathemateg, a Saesneg, ac mewn ambell bwnc arall, dwi'n siŵr. Credaf erbyn hyn fod rhai o'r problemau yn deillio o'r ffaith nad oedd gennym ni'r syniad lleiaf beth oedd yn cael ei ddweud, gan fod ein Saesneg mor brin. Byddai carchardai'r wlad wedi bod dipyn yn llawnach petasai deddfau diogelu plant heddiw mewn grym y dyddiau hynny!

Wrth gwrs, ro'dd yna enghreifftiau o ddysgu arbennig o dda. Ro'dd pob un athro Cymraeg a fu'n fy nysgu i yn gwbl ardderchog. Ro'dd gan ein prifathro, Mr D Lloyd Jenkins, a oedd yn Brifardd, ddiddordeb mawr a gwybodaeth ddofn iawn yn ei bwnc. Yn yr un categori ro'dd Mrs Roberts (Miss Boden gynt), a'r annwyl Gunston Jones, a fu'n dysgu am gyfnod yn yr ysgol pan o'n i yn y chweched. Ro'dd gwersi Saesneg Dan Jones bob amser yn brofiadau i edrych ymlaen atynt.

Mae'n rhaid bod plant galluog iawn yn yr ysgol, achos do'dd dim *form one* yno – pawb yn dechrau yn *form two*. Ro'dd dwy ffrwd – *L form* ac *S form*. Mae'n debyg taw dim ond y rhai mwyaf galluog oedd yn cael mynd i astudio Lladin yn *L form*. Yn fy nghyfnod i yn yr ysgol, ro'dd yna nifer o ddisgyblion hynod alluog. Yn y maes gwyddonol, daeth Dafydd Phillips (Daff, i ni) yn wyddonydd blaengar iawn, a bu ar flaen y gad yn datblygu'r sgan MRI. Roedden ni'n dweud yn yr ysgol, 'Os ydych chi am gopïo gwaith rhywun, Daff yw'r person gorau'. Bu John Wenallt yn llwyddiannus tu hwnt yn datblygu cangen arbennig o Gemeg, a llwyddodd fel Athro Cemeg ym Mhrifysgol Guildford, ac wrth gwrs, rhaid peidio anghofio Dr John Davies, Aberystwyth, yr hanesydd. Enghreifftiau yn unig yw'r rhain o unigolion a fu'n llwyddiannus iawn – a llawer o'r clod, siŵr o fod, yn ddyledus i Ysgol Uwchradd Tregaron.

Ro'dd creu drygioni'n uchel iawn ymhlith blaenoriaethau nifer ohonom. Cofiaf yn iawn y parch oedd gan E O Griffiths i'w orsaf dywydd. Mewn gwers yn ystod rhyw haf chwilboeth ar ôl tair wythnos heb ddiferyn o law, gofynnodd Mr Griffiths i John Bonner i nôl y mesurydd glaw, a dyma John yn dychwelyd yn hyderus i'r stafell â'r mesurydd yn llawn – yn llawn o rywbeth heblaw dŵr! Gallwch chi ddefnyddio'ch dychymyg. Ymateb Mr Griffiths, druan, oedd 'Bonner, you've spoilt my hobby!' Rhyfedd meddwl bod Bonner, yn ystod ei yrfa, wedi bod yn bennaeth heddlu llwyddiannus yn Ne Affrica.

Fe gofiaf am byth un wers Ysgrythur gan Dai Williams. Roedd e'n sôn am ddylanwad y meddwl ar y corff. Swm a sylwedd y wers oedd, os oeddech yn credu eich bod yn sâl, yna fe aech yn sâl. Y wers nesa ar ôl Ysgrythur oedd Mathemateg gyda Mr Phillips, gŵr a gafodd amser digon anodd yn yr Ail Ryfel Byd, ac a oedd yn cael llawer o broblemau wrth geisio dofi rapscaliwns 3L. Mewn cyfarfod brys rhwng y ddwy wers, penderfynwyd arbrofi gyda damcaniaethau'r wers Ysgrythur. Dyma'r penderfyniad – bod pedwar ohonom yn mynd i'r wers yn hwyr, a phob un o'r pedwar yn ei dro yn aros wrth ddesg Mr Phillips a gofyn iddo a oedd e'n teimlo'n iawn. I'r cyntaf ymatebodd, 'Yes, alright'. Funud yn hwyrach daeth yr ail i fewn – ymatebodd, 'Yes, but I have a slight headache'. I'r trydydd ymatebodd, 'No, not really, I'd better sit down.' Daeth yr olaf i mewn, ac fel petai wedi dychryn o weld Mr Phillips, meddai, 'Are you fit to teach us today?'

'Well, no, not really,' atebodd Mr Phillips. 'If you'll excuse me, I think I'll go to the staff room.' Ie wir, clyfrwch a dyfeisgarwch dosbarth o gynllwynwyr cefn gwlad sir Aberteifi.

Ro'dd Mr Phillips yn ddyn annwyl a galluog, ond nid mewn dosbarth ysgol oedd ei le. Mae llawer ohonom, dwi'n siŵr, yn edifar am y triciau a gynllwyniwyd yn ei wersi. Un tro fe wnaethom glymu cordyn wrth ddwy goes ei ddesg, ac yn araf iawn tynnwyd ar y cordyn, ac yntau yn dilyn yn ei gadair bob yn fodfedd. Sylweddolodd fod rhywbeth ar droed pan welodd fod hanner y dosbarth bellach y tu ôl iddo!

Un o isafbwyntiau mwyaf cofiadwy dyddiau ysgol i ni oedd ymweliad blynyddol y grŵp proffesiynol o ardal Aberystwyth, y Dorian Trio, triawd piano, ffidil a soddgrwth, os cofiaf yn iawn, a fu'n ein diddanu hyd at syrffed, a ninnau ar ein penolau ar lawr y neuadd. Un flwyddyn, fodd bynnag, cafwyd uchafbwynt cofiadwy. Ro'dd Miss Taylor wedi clymu ei chorgi bach wrth goes y piano. Daeth yn amser iddo godi ei goes, ond amhosibl oedd iddo ddod o hyd i goeden ar y llwyfan, felly gwnaeth coes y piano y tro. Canolbwyntiodd pob un ohonom ar y ffrwd felen a groesodd ymyl y llwyfan, a phan ddaeth i ben ei thaith ar lawr y neuadd, cafwyd cymeradwyaeth na chlywyd ei thebyg erioed o'r blaen!

Ro'dd hon yn ysgol lle dysgid y rhan fwyaf o'r pynciau trwy gyfrwng y Saesneg – ond y tu allan i'r dosbarth, Cymraeg oedd yr iaith. Ro'dd yna nifer o ddisgyblion di-Gymraeg, serch hynny, yn yr ysgol, ond ro'dd rheidrwydd arnynt o leiaf i ddeall yr iaith, neu fel arall i ddioddef amser diflas iawn yn yr ysgol. Mae'r rhod wedi troi bellach mewn aml i le yng Nghymru lle gwelir plant o gartrefi Saesneg yn derbyn eu haddysg i gyd trwy gyfrwng y Gymraeg. Ond, yn anffodus, Saesneg, yn aml, yw'r unig iaith a glywir ar y buarth chwarae.

Er fod Mr Dai Williams wedi awgrymu mewn aml i wers y dylai llawer ohonom geisio am swydd yn y Co-op neu fynd adre i wasgaru tail, fe wnaethom sefyll arholiadau. (Pam, tybed, mae'n rhaid i ddisgyblion Cymraeg 'sefyll' arholiad tra bod y Saeson yn cael 'sit an exam'?) Llwyddais i grafu graddau gweddol mewn saith testun yn yr arholiad Lefel O, gan gynnwys 'Special Arith' ar ôl i'r athro Mathemateg ddweud, 'If you were allowed to do O Level Maths, you would insult the whole of the examination system.' Diolch yn fawr, Mr Thomas!

Wel, beth am y dyfodol? Ro'dd canlyniadau'r Lefel O yn profi nad oedd yna athrylith yn y teulu, ac ro'dd fferm Aeron View yn sicr yn llawer rhy fach i sicrhau fy mara caws i'r dyfodol. Cofiaf y dydd pan ddaeth y prifathro i'r tŷ i geisio perswadio fy rhieni y dylwn ddychwelyd i'r ysgol i wneud Lefel A. Ymatebodd fy rhieni yn ddiolchgar iawn iddo am ddangos y fath ddiddordeb yn fy nyfodol, a dyna a fu. Mae gen i syniad hefyd bod Mr Jenkins hefyd yn ddiolchgar i gael un aelod arall 'gwerthfawr' yn y chweched dosbarth.

Mater hawdd oedd dewis pynciau yn y chweched: Cymraeg, Saesneg a Daearyddiaeth. Mae'n ffaith syml bod y mwyafrif o blant yn dewis pynciau eu hoff athrawon wrth benderfynu pa bynciau i'w dewis. Bu'r ddwy flynedd yma o dan ofal Mr Gunston Jones, Mr Dan Jones a Mr Cliff Whittingham yn gyfnod hynod ddiddorol a chyffrous. Ro'dd Cliff Whittingham, yr athro Daearyddiaeth, newydd adael y brifysgol yn Aberystwyth, a gan mai dim ond tri ohonom oedd yn dilyn y pwnc ar gyfer Lefel A, cawsom lawer iawn o sylw unigol. Yn ogystal, ro'dd y ffaith ei fod yn chwaraewr rygbi da ac wedi bod yn gapten ar dîm Prifysgolion Prydain yn sicrhau statws arbennig iddo.

Yn ystod y mis Chwefror cyn sefyll Lefel A, mynychais gwrs Cymraeg penwythnos hir a drefnwyd gan yr Urdd yn y Cilgwyn, Castellnewydd Emlyn. Dyma lle cwrddais ag Emyr Griffith, mab R E Griffith (Prif Weithredwr yr Urdd), am y tro cyntaf, ac rydyn ni wedi aros yn gyfeillion da dros y blynyddoedd. Ond pan ddaeth hi'n amser te ar y Sul, cefais sioc. Daeth dau o'n cymdogion i'r ffreutur gyda'r newydd trist bod fy nhad wedi marw y bore hwnnw. Er ei fod wedi bod yn wanllyd iawn ac yn isel ei ysbryd am gyfnod hir, ro'dd sydynrwydd y diwedd yn frawychus.

Do'dd dim amdani bellach ond gweithio'n galed i sicrhau graddau addas er mwyn mynd i'r brifysgol yn Aberystwyth. Llwyddais i gael tair 'B', a chael mynediad i Aber, felly ni fyddai raid i mi dreulio dwy flynedd yn gwneud fy *National Service*.

O'R BRIFYSGOL I'R SIÈD FFOWLS

PRIN IAWN oedd y cyfarwyddyd a gefais cyn cychwyn ar fy nghwrs yn y brifysgol. Serch hynny, ro'n i'n siŵr y cawn amser digon didrafferth a hawdd, unwaith y sylweddolais fod cynifer o fyfyrwyr a chanddynt ddim ond un 'B' a dwy 'C' yn ganlyniadau yn eu Lefel A. Heb betruso o gwbl, penderfynais astudio Cymraeg, Daearyddiaeth a Hanes yn fy mlwyddyn gyntaf. Cyrhaeddais Aber yn llawn brwdfrydedd yng nghwmni fy hen gyfaill, D Ben Rees.

Ro'dd ein mamau wedi dod o hyd i lety i ni yn stryd Custom House; ro'dd gan y lletywraig gysylltiad â Llanddewi Brefi, cartref Ben. "Home from home" – dyna'r disgrifiad a roddwyd i ni o'r lle ond, ar ôl cychwyn da, newidiodd pethau yn fuan iawn.

Y ddau a rannai'r llety gyda ni o'dd yr annwyl Brian Davies o'r Rhondda – yntau hefyd ar ei flwyddyn gyntaf – a Ceri Rees o Gydweli, a oedd yn ailastudio cwrs blwyddyn gyntaf. Hir y cofiaf ei sylw bod dwy flynedd yn hen ddigon hir i unrhyw berson dreulio mewn prifysgol, ac nad oedd hi'n fwriad ganddo chwysu ei ffordd trwy flwyddyn ychwanegol o ddarlithoedd hir ac oriau diddiwedd mewn llyfrgell.

Yn y cyfnod hwnnw, dim ond yng ngholegau prifysgol Aberystwyth ac Abertawe yr oedd adrannau Daearyddiaeth. Ro'dd Aber yn ffodus iawn i gael yr Athro E G Bowen yn bennaeth ar ei Hadran Ddaearyddiaeth – ro'dd yn adnabyddus am ei allu rhyfeddol i ddarlithio'n ddeallus a diddorol. Byddai pob un o'r darlithoedd a gefais ganddo yn dechrau am bump o'r gloch ac yn gorffen yn brydlon am chwech, pob un ohonynt yn uned gaboledig orffenedig werthfawr. Ro'dd ei ddarlithoedd mor ddiddorol fel y gwelid, yn aml, ambell fyfyriwr nad oedd yn astudio'r pwnc yn eu mynychu.

Yn ei ddarlith groeso i ni fyfyrwyr, dyma E G Bowen yn cyhoeddi'n garedig iawn i'r cant a hanner oedd yn bresennol, "Edrychwch ar y person sy'n eistedd ar y chwith i chi, a'r un sy ar y dde i chi – fyddan nhw ddim yma flwyddyn nesa". Does gen i ddim cof pwy oedd i'r chwith na'r dde i mi, ond ergyd go drom oedd deall taw dim ond traean o'r myfyrwyr fyddai'n cael astudio yn yr adran y flwyddyn wedyn. Dim ond am flwyddyn ro'n i wedi bwriadu astudio Daearyddiaeth beth bynnag, gan taw gradd yn y Gymraeg roeddwn i am ei hennill yn y pen draw.

Ro'dd yr Adran Gymraeg yn Aber yn llawn o ddarlithwyr adnabyddus ac arbennig iawn – pobl fel yr Athro Tom Jones, a'r bardd, Gwenallt Jones. Fe wnes i fwynhau astudio yn yr adran, yn enwedig darlithoedd Gwenallt ar lenyddiaeth; rhaid cyfaddef, fodd bynnag, bod y pynciau 'gramadeg Cymraeg Canol' a'r 'elfen Ladin yn y Gymraeg' yn dal i fod yn ddirgelwch i mi.

Ro'dd yna fyfyrwyr disglair iawn yn yr Adran Gymraeg yr adeg honno – nifer ohonynt wedi aros yn ffrindiau oes, heb enwi neb – a chofiaf gryn anniddigrwydd yn eu plith ynglŷn â chynnwys y cwrs gradd. Ar ôl derbyn ei radd, mae'n debyg i un myfyriwr hynod alluog ddweud wrth yr Athro Tom Jones bod yna fwy o ddiwylliant yn y Red Lion ar nos Sadwrn nag oedd yn y cwrs gradd Cymraeg yn Aber. Dw i ddim yn teimlo'n gymwys i gytuno nac anghytuno!

Ro'dd y cwrs Hanes yn y flwyddyn gyntaf yn canolbwyntio ar Hanes Cymru, a'r unig ddarlithydd a gefais oedd Gwyn Alf Williams – gwir athrylith wrth ei waith. Nid oedd Gwyn yn medru'r Gymraeg yr adeg honno, ond ro'dd ei gariad at Gymru yn angerddol, ac ro'dd ei frwdfrydedd dros Gymru a'i hanes yn amheuthun iawn i ni fyfyrwyr a lwyr ddryswyd yn yr ysgol trwy orfod dysgu dyddiadau buddugoliaethau mawr Lloegr yn ei haml frwydrau. Dw i'n ddiolchgar iawn i Gwyn am ddechrau dadorchuddio llawer ar hanes hynod Cymru i mi.

Ffolineb oedd dilyn tri phwnc mawr yn y coleg, fel ag y gwnes i. Y peth call i'w wneud oedd dewis eich prif bwnc, ac yna dau bwnc atodol nad oedd yn rhy drwm. Wedi bod yn y coleg am ychydig wythnosau'n unig, deallais fod yna nifer o bynciau atodol oedd yn boblogaidd iawn – Athroniaeth ac Addysg, er enghraifft.

Cefais y gwaith coleg yn galed. Ro'dd yr astudiaeth ymarferol ar hinsawdd yn y seminarau Daearyddiaeth yn feichus a chymhleth, ac ro'dd deall y gwahaniaeth rhwng pwysedd uchel ac isel yn aml yn achosi poen meddwl i mi. Ond ro'n i'n hoff iawn o ddarlithoedd Daearyddiaeth Ddynol Mr Fogg. Teithiai Mr Fogg ar gefn ei feic rhwdlyd i bob man, gan gario gweddillion ei ŵn i bob darlith. Gwisgai siwmper ddu, a choler tyn o gwmpas ei wddf haf a gaeaf, ac ar ôl pob rhyw bum gair o'i enau deuai ochenaid: "Yh, yh, yh". Pan ddarganfuwyd ei fod yn arbenigwr byd-eang ar arferion rhywiol yr Indiaid Kwakiutl-Nootka, llwyth cyntefig o Ganada, daeth yn boblogaidd iawn ymhlith y myfyrwyr!

Do'dd y ffaith bod y Castle Hotel ar draws y ffordd i'n llety yn fawr o gymorth i'n hastudiaethau colegol. Yn wir, ro'dd Ceri, ein cyd-letywr, yn gyson ei berswâd arnaf i fod yn gwmni iddo yn y 'Castell'; o ganlyniad, arferwn ddychwelyd i fferm fach Aeron View ar y penwythnosau i geisio gwneud tipyn o waith. Erbyn y Nadolig, fodd bynnag, daeth yn glir y byddai'n rhaid i mi weithio'n llawer caletach yn nhymor y gwanwyn os oeddwn am weld ail flwyddyn yn y Coleg ger y Lli.

Ar ddiwedd y gwanwyn, ar drothwy'r tymor pan ddeuai ymwelwyr i Aberystwyth ar eu gwyliau haf, penderfynwyd ein symud ni fyfyrwyr o'n hystafelloedd gweddol gyfforddus ar y llawr gwaelod i fyny i'r trydydd llawr lle ro'dd y cyfleusterau'n brin iawn – llawr pren di-garped, gwely haearn, cadair, a thamaid o fwrdd yn y gornel. Aeth yr *high tea* yr oeddem wedi arfer ei gael weithiau yn *low tea*, os dyna'r disgrifiad priodol o dun o sardîns a phecyn o greision – ein swper rhyw dair gwaith yr wythnos. Tra oeddem yn byw o dan amgylchiadau felly, ro'dd yn rhaid i mi geisio astudio ar gyfer fy arholiadau.

Does gen i fawr o gof o'r arholiadau, heblaw i mi fod yn hyderus yn yr arholiad Llên Cymraeg, ac i mi wneud annibendod llwyr o un papur Daearyddiaeth. Arferai'r coleg anfon llythyr atom ddechrau Gorffennaf i'n hysbysu ein bod wedi pasio ein harholiadau'n llwyddiannus; deuai llythyr ychydig yn hwyrach os oeddem wedi methu. Gan na ddaeth y llythyr yr oeddwn yn ei ddisgwyl, penderfynais fynd i'r coleg i dderbyn y canlyniadau, a chael siom o sylweddoli taw methu fu fy hanes mewn dau bwnc, ond y byddai'r Adran Gymraeg yn fwy na pharod i'm derbyn yn ôl i ailsefyll.

Am y tro cyntaf, teimlais i'r byw beth oedd methiant. Yn fwy na dim, roeddwn yn teimlo fy mod wedi siomi'r teulu – Mam yn arbennig. Ro'dd gen i'r cyfle i ddechrau eto heb gymhorthdal, ond ro'dd hi'n hollol amhosibl disgwyl i fy mam weddw fy ariannu.

Wedi dychwelyd adref i Aeron View ar y bws, ro'dd y teulu'n brysur wrth y cynhaeaf gwair, a chefais bob cydymdeimlad oddi wrth deulu a ffrindiau. Do'dd y gefnogaeth yma'n fawr o gysur i mi, serch hynny, a threuliais yr haf cyfan yn pendroni ynglŷn â'm dyfodol. Yn sicr, do'dd Aeron View ddim yn mynd i'm cynnal.

Yr adeg honno, os oeddech wedi methu yn y coleg, ro'dd disgwyl i chi wneud dwy flynedd o *National Service* – gwasanaeth yn y lluoedd arfog. Fodd bynnag, aeth yr haf heibio heb i mi glywed dim oddi wrth yr awdurdodau milwrol ac, yn y cyfamser, penderfynais fynd ati i gadw ieir.

Ro'dd gyda ni sièd 'ffowls', fel y'u gelwid, ar y fferm – un fawr iawn, yn ddwy ystafell a fedrai gartrefu rhyw gant o adar, mae'n siŵr. Yr adeg hynny, ro'dd hi'n boblogaidd i gadw ieir mewn *deep litter* – dull dwys ac effeithiol iawn. Byddem yn gwasgaru *chaff* – gwellt wedi ei falu'n ddarnau bach – dros lawr y sièd, hyd at ddyfnder o chwe modfedd. Cedwid yr ieir yn y sièd am y gaeaf cyfan, heb weld golau dydd. Ro'dd gen i hanner cant o ieir ifanc iach – White Leghorn a Rhode Island Red oedd y bridiau, dw i'n meddwl. Ro'dd yn waith cymharol hawdd, wrth gwrs, a phan fyddai'r criw gweithgar yma o ieir yn dodwy naw a deugain o wyau bob dydd, ro'dd y Cardi bach yn eitha hapus! Ches i erioed hanner cant o wyau, a methiant fu fy ymdrech i ddod o hyd i'r iâr ddiffrwyth. Mawr fu llawenydd yr ieir i gyd pan gawsant weld golau dydd yn y gwanwyn. A chredwch fi, cawsant groeso mawr gan y pymtheg ceiliog ifanc, er eu bod hwythau wedi treulio'r gaeaf mewn rhyddid llwyr!

Dros fisoedd y gaeaf, bûm yn tacluso llawer ar y fferm, gan

blygu cloddiau, glanhau'r gwteri a diogelu aml i ffens, yn ogystal â gwyngalchu'r tai mâs. Ond cyn y Nadolig, daeth llythyr yn fy hysbysu bod rhaid i mi gael prawf meddygol er mwyn penderfynu a oeddwn yn ddigon iach i wneud fy *National Service*. Roeddwn wedi gwneud popeth o fewn fy ngallu i osgoi'r ddwy flynedd wastraffus yma, felly ro'dd yn gryn ryddhad i glywed bod canlyniad y prawf yn ansicr, ac y byddai'n rhaid i mi fynd o flaen y Bwrdd Meddygol unwaith eto.

Ond, yn y diwedd, yn gynnar yn 1957, clywais mai 'A1' oedd canlyniad y prawf. Mawr fu siom fy mam, ond do'n i ddim yn siŵr sut i deimlo. Ar y naill law, ro'dd fy nyfodol am y ddwy flynedd nesa wedi ei setlo ond, ar y llaw arall, gwyddwn y gallwn gael fy anfon i bellafoedd daear lle ro'dd llawer o drwbwl – gwledydd fel Cyprus, Singapore ac Aden. Ond do'dd dim amdani ond disgwyl am y manylion ynglŷn â ble yr oeddent am fy anfon i dderbyn fy hyfforddiant. Yn fuan cefais lythyr yn estyn gwahoddiad caredig iawn i mi ymuno â'r RASC – y Royal Army Service Corps. Dyma ddechrau pennod arall yn fy hanes.

Y FYDDIN

BYTHEFNOS ar ôl i mi ymuno â'r fyddin, daeth yr orfodaeth i wneud *National Service* i ben, ond yn rhy hwyr i mi. Ar y 23ain o Fai 1957, dyma fi'n dal y trên o Gaerfyrddin i Ascot. Yn garedig iawn, ro'dd yr awdurdodau wedi anfon tocyn un ffordd i mi, a disgwyliwn gael croeso twymgalon ar ôl cyrraedd pen fy nhaith. Yn Ascot, ro'dd gan y fyddin ddwy lorri yn aros amdanom, ac yn ddiseremoni cawsom ein cludo'n anghysurus i farics Wilhelm yn Aldershot erbyn saith o'r gloch.

Erbyn naw o'r gloch, roeddem i gyd wedi ein dilladu mewn *khaki* digon garw, a rhoddwyd pedair esgid i ni: fues i erioed yn siŵr a oeddent yn ddau bâr go iawn. Erbyn hynny, ro'n i hefyd wedi peidio â bod yn John Albert Evans ac wedi derbyn y teitl S/23393966 Private Evans.

Ar ôl y ddwy awr fythgofiadwy hynny, cawsom ein gosod yn ein hystafelloedd cysgu. Ro'dd ugain ohonom yn rhannu *billet* – pymtheg bachgen o Sunderland, pedwar o Lerpwl, a fi. Sylweddolais yn fuan iawn nad oedd fawr o debygrwydd rhwng y Saesneg a ddysgais yn Nhregaron a Saesneg fy 'ffrindiau' newydd yn Aldershot.

Daeth sarjant i mewn i'r ystafell yn weddol fuan, a'i brif neges oedd "bod yn gas ganddo filwyr y Gwasanaeth Cenedlaethol". Pwysleisiodd ei bod yn hynod bwysig bod esgidiau pob un ohonom yn disgleirio erbyn diwedd yr wythnos, a'n hystafell yn berffaith lân erbyn yr archwiliad nesaf. Edrychais yn llawn gofid ar fy esgidiau llwydaidd eu golwg; ro'dd y darn a guddiai fysedd fy nhraed yn arw iawn. Treuliais oriau gyda pholish, nerth braich, a chlwtyn yn ceisio sicrhau safon dderbyniol i'm hesgidiau. Dw i ddim yn meddwl i mi lwyddo erioed, er i mi unwaith dderbyn clod gan gorporal am beintio'r bwced glo yn wyn!

Yn ei ddarlith groeso i ni, pwysleisiodd y sarjant ei fod yn mynd allan i yfed bob nos Iau, ac y byddai'n syniad da i ni gadw allan o'i ffordd os oeddem am dipyn o gwsg pan ddeuai yn ôl. Yn naturiol iawn, ufuddhaodd pawb i'w orchymyn ac aethom ati i baratoi ein gwely am y noson gyntaf o gwsg ym myddin Ei Mawrhydi.

Dim ond trwy grio'n hir y llwyddais i gysgu y noson honno, gan edifarhau fy mod wedi bod mor anghyfrifol yn Aberystwyth ac, o ganlyniad, yn gorfod wynebu dwy flynedd o uffern fel cosb am ddiffyg gweithio'n gydwybodol.

Ro'dd yr hyfforddiant gwreiddiol – y *square-bashing* fel y gelwid ef – yn galed iawn. Bob bore, byddem yn codi am hanner awr wedi chwech cyn paratoi am y *parade* cyntaf am saith.

Dim ond dau ddewis oedd gennych o ran gyrfa yn y Royal Army Service Corps – yr adran drafnidiaeth, neu'r adran staff glerigol. Pan ofynnwyd i mi i ba adran roeddwn am fynd iddi, dewisais yr adran drafnidiaeth, am fod awydd arnaf gael dysgu gyrru'r lorïau anferth a welais o gwmpas y lle. Ond nid felly y bu.

"Na," meddai'r swyddog, "mae gen ti Lefel A – mae'n rhaid i ti fynd yn glerc." Felly bu rhaid i mi ddysgu teipio a sgiliau rhedeg swyddfa. Yn y cyfnod hwnnw, byddai'r rhai a oedd yn pasio'u sgiliau clercio orau yn cael cyfnod o flwyddyn ym Mharis yn SHAPE – Supreme Headquarters Allied Powers Europe. Nid oedd angen gwisgo iwnifform yno! Yn anffodus, ni chefais y cyfle.

Ro'dd yna lawer o bethau diddorol am yr hyfforddiant yn Aldershot. Mwynheais y cyfnodau yn y twyni tywod yn dysgu defnyddio'r gwahanol ynnau – y Sten, reiffl .22 a gwn mawr na chofiaf ei enw. Ro'dd yr hyfforddiant corfforol yn y gampfa hefyd yn gallu bod yn fendithiol iawn.

Ro'dd casineb mawr dianghenraid yno yn feunyddiol. Anghofiaf i fyth mo'r truenus Pte Haddock. Ef oedd yr olaf i ymddangos ar gyfer y *parade* bob bore.

Dyma'r croeso a gâi yn aml gan y sarjant milain – "Good morning, Haddock. You look a bit stale this morning – you look as if you've been on the slab all night".

"Yes, sir," atebai Haddock fynychaf.

"Don't call me 'sir' – I'm a sergeant!"

"Yes, sir!" fyddai'r ateb eto.

Cyn diwedd fy hyfforddiant gwnes gais i'r awdurdodau am yr hyn a elwid yn *compassionate leave*, er mwyn cael mynd adref i gwblhau'r cynhaeaf gwair. Er mawr syndod i mi, caniatawyd y cais. O ganlyniad i hyn, medrais hawlio *ration allowance*, a oedd yn swm eithaf sylweddol ar y pryd. Sylweddolodd fy nghyd-filwyr fod gen i dipyn mwy o arian na nhw, ac un noson fe'm gorfodwyd o dan fygythiad i rannu'r swm rhyngddynt. 'Benthyciad' am fis oedd y trefniant i fod ond, wrth gwrs, dyna'r tro olaf i mi weld fy nghyd-filwyr a'r arian.

Wedi cwblhau'r cynhaeaf gwair, dychwelais i orffen fy *square-bashing*. Ro'dd nifer o sgiliau newydd wedi cael eu cyflwyno yn fy absenoldeb, ac un bore dywedodd y sarjant nad oedd e wedi bod yn gefnogol i fy *compassionate leave*, ac awgrymodd y dylwn ailddechrau fy hyfforddiant o'r cychwyn eto. Plediais fy achos gydag uwch-swyddog, a chaniatawyd i mi geisio dal i fyny.

Aeth popeth yn dda tan y bore y clywais y floedd, "Fix Bayonets!" Tynnais y darn haearn o'i gartref a cheisio'i sicrhau ar flaen fy reiffl ond, yn anffodus, ni fu'n eistedd yno am fawr o amser cyn syrthio i'r llawr. Dw i'n siŵr bod y sŵn i'w glywed ym Mwlch-llan, ac arhosais am y don o wawd a sen ddisgwyliedig. "What's this piece of ironmongery on the floor, Evans?" O flaen pawb, cefais wers greulon ar sut i sicrhau'r bidog yn ei le priodol.

Daeth yr hyfforddiant i ben yn y diwedd, a chawsom wybod taw i Singapore yr oeddem i fynd nesa. Cawsom yr holl bigiadau angenrheidiol, a phythefnos o wyliau cyn cychwyn ar ein taith. Yn anffodus – neu'n ffodus, efallai – bûm yn ofnadwy o sâl ar ôl y pigiadau, ac aeth pawb arall i Singapore a'm gadael i fel pererin yn Aldershot, heb fawr o ddim i'w wneud ond dadfalwodi'r letys yn ddyddiol!

Un bore daeth swyddog ataf i ofyn a faswn yn hoffi mynd i'r Proof and Experimental Establishment ym Mhentywyn (Pendine) am flwyddyn. Cyn iddo orffen ei frawddeg, ro'n i'n barod i hel fy mhac a dal y trên i Gaerfyrddin.

Ro'dd y cyfnod yn y swyddfa weinyddol ym Mhentywyn yn ddiddorol iawn. Yn ein swyddfa ro'dd Captain De'Ath, Sergeant

Major Milliken, Sergeant Taylor, Lance Corporal Tony Brown, a fi. Bûm yn cyflawni amrywiol dasgau, yn cynnwys llawer o deipio, tan i Tony Brown – a oedd yn gwneud ei wasanaeth cenedlaethol – ddychwelyd i'r brifysgol. Cafodd Tony a mi lawer o hwyl am ben y ddau sarjant oedd yn siarad am ddim byd ond bywyd y fyddin trwy'r dydd.

Ar ôl i Tony adael, cefais ddyrchafiad i fod yn is-gorporal fy hun, a oedd yn golygu hanner coron yr wythnos yn fwy o arian. Rhoddwyd i mi'r cyfrifoldeb o fod yn glerc cyflogau. Oherwydd natur y gwersyll a'r gwaith ym Mhentywyn, ro'dd yno bob math o filwyr o wahanol gatrawdau, felly ro'dd gofyn cysylltu â swyddfeydd pob un ohonynt yn gyson.

Byddem yn talu cyflogau bob dydd Iau, ac yn y bore byddai Capten De'Ath a minnau'n mynd i'r banc yn San Clêr i gasglu'r arian. Ofnai'r capten y gallai rhywun ymosod arnom, ac felly bu'n rhaid i mi deithio â refolfer yn fy nghôl yr holl ffordd i San Clêr. Tasen ni wedi cael ein stopio a minnau'n gorfod tanio'r gwn, mae'n fwy na phosibl taw'r capten fyddai wedi dioddef fwyaf.

Cefais alwad ffôn un diwrnod oddi wrth Commander Cooper yn gofyn a oedd gen i ddiddordeb mewn drama. Ro'dd yna ganolfan gymdeithasol ardderchog gerllaw yn Llanmeilo, ac ro'dd grŵp drama'n rhan o'r gweithgareddau. Bwriadent lwyfannu *Wishing Well* gan Eynon Evans, ac roeddent yn awyddus i mi chwarae'r prif gymeriad, sef Amos y postmon, oherwydd fy acen Gymreig. Ar ôl gwrandawiad, cefais y rhan. Bu'r profiad hwn yn werthfawr iawn.

O blith y fyddin y deuai'r actorion i gyd: a minnau'n lance-corporal, ro'dd o leiaf saith gradd o wahaniaeth rhyngof i a'r rheng nesaf o'n plith, sef major ond, ar y cyfan, roeddent yn griw hynod gyfeillgar.

Dyma ni'n cystadlu mewn cystadleuaeth ddrama ar gyfer holl sefydliadau Gweinyddiaeth Gyflenwi (Ministry of Supply) Prydain. Ro'dd pymtheg ar hugain o gwmnïau'n cystadlu, a chafwyd cryn syndod pan gawsom ein dewis i fynd i'r rownd derfynol yn Llundain. Cawsom feirniadaeth wych ac, o ganlyniad, cynhaliwyd parti mawr yn yr *officers' mess*. Oherwydd fy statws israddol, ro'dd fy mhresenoldeb i yn gryn dipyn o embaras i'r uwch-swyddogion, a chefais fy anwybyddu trwy gydol y noson. Ro'dd fy ffrindiau yn ôl yn y gwersyll yn methu credu fy mod wedi cael diod yn yr *officers' mess*. Beth bynnag am hynny, diwedd y stori oedd i ni gael y drydedd wobr yn y rownd derfynol yn Llundain.

Cefais gyfrifoldeb ychwanegol yn fuan wedi hynny, sef trefnu cyrsiau i filwyr llawn amser oedd bellach yn disgwyl *demob*. Ro'dd cwrs chwe mis ar gael i'w helpu i ailgychwyn gyrfa yn y byd go iawn. Yn sgil hyn cefais ail streipen a theitl newydd – *acting unpaid* Corporal Evans.

Mae un cais a gefais i drefnu cwrs yn sefyll yn y cof. Ffoniodd swyddog o'r enw Major Hobart un diwrnod, a holi ynglŷn â chwrs chwe mis ar gyfer hyfforddi'n athro. Awgrymais yn garedig nad oeddwn yn meddwl fod y fath gwrs yn bosibl.

"Paid â dadlau gyda fi," meddai. "Dy waith di yw ysgrifennu i ofyn."

Yn naturiol, rhaid oedd ufuddhau, a derbyniais ymateb yn cadarnhau yr hyn a ddywedais wrth y creadur blin. Ro'dd un frawddeg hyfryd yn yr ymateb, sef: "I enclose details of two-year courses in training colleges in Britain, which Major Hobart can apply for if he has the necessary academic qualifications". Daeth y Major i'r swyddfa i dderbyn yr ymateb. Awgrymais efallai y byddai'r Coleg Normal ym Mangor yn goleg ardderchog iddo os oedd ganddo'r cymwysterau academaidd angenrheidiol.

"Dyna'r coleg y bydda i'n mynd iddo fis Medi nesa," dywedais wrtho – cawswn fy nerbyn yno cyn cychwyn yn y fyddin. Diflannodd yr hen Fajor allan o'r swyddfa a'i gynffon rhwng ei goesau, a braf oedd cael fy llongyfarch gan y ddau sarjant, druan â nhw, yn y swyddfa. Na, do'dd dim llawer o gariad rhwng yr NCOs a'r swyddogion ar y naill law a'r teitlau bras ar y llall.

Daeth fy nghyfnod yn 'gwasanaethu fy ngwlad' i ben. Dw i'n hollol argyhoeddedig fod y cyfnod rhyfedd yna wedi fy nghryfhau ac wedi rhoi llawer o hyder i mi. Yn sicr ddigon, fe ddangosodd *National Service* i lawer o ieuenctid bod disgyblaeth ac ufudd-dod yn hanfodol i unrhyw gymdeithas wâr.

Wrth adael Pentywyn ar y beic modur a fu'n gyfaill da i mi am ddeunaw mis, teimlais gryn dipyn o hiraeth am y lle. Derbyniais air o gymeradwyaeth oddi wrth reolwr y gwersyll, Colonel Sheffield, i'w gyflwyno i gyflogwyr. Cefais hefyd docyn trên i'm galluogi i deithio'n syth i Preston pe byddai rhyfel byd yn torri allan yn ystod y deng mlynedd wedi i mi adael. Wnes i erioed feddwl y gallwn ddefnyddio'r tocyn hwn i fynd i weld Dinas Caerdydd yn chwarae pêl-droed yn erbyn Preston North End!

Fy nhad yn yr American Air Corps, 1916.

Teulu fy nhad – roedd cyfanswm o 13 o blant. O'r chwith: Tom, Gwilym (fy nhad), David, Albert, Llewelyn, Ellis, Mary Jane, Eben a Meredydd.

Gyda'm brawd a'm chwaer, Lloyd a Mair.

Yn gwneud fy Ngwasanaeth Cenedlaethol ym Mhentywyn.

Cast y 'Wishing Well' yn y ganolfan ym Mhentywyn. Daethom yn drydydd allan o holl sefydliadau Ministry of Supply, Prydain. Fi yw'r trydydd o'r chwith yn y rhes gefn.

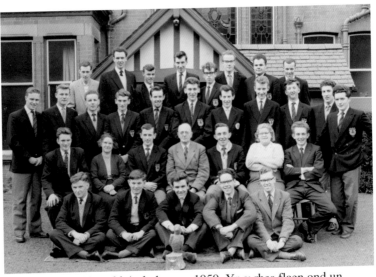

Aelodau Neuadd Ardudwy yn 1959. Yn y rhes flaen ond un mae Mr Stanley Jones, ein hannwyl warden. (Sylwer ar y cerflun ohono ar y rhes flaen).

Gwersyll yr Urdd, Llangrannog, yn y chwedegau. Ar y chwith mae
Ifan Isaac a fu'n bennaeth am flynyddoedd yno. Dw i'n eistedd ar
y llawr gyda'r tywel o gwmpas fy ngwddf.

Tîm ysgolion Caerdydd gyda'r tri hyfforddwr, Dic Davies,
Howard Spriggs a minnau, ac ysgrifennydd y Gymdeithas Bêl-droed,
George Griffiths.

Cwrs Cymraeg (ail iaith), Ogwr, gydag athrawon Cymraeg Sir Morgannwg Ganol, 1975. Fi yw'r wythfed o'r chwith yn y rhes gefn.

Tîm pêl-droed Ysgol Ton yr Ywen gyda'r prifathro, Mr Dic Evans. Roedd y tîm wedi mynd dwy flynedd heb golli gêm a daeth John Humphrys, HTV, i'r ysgol i ffilmio'r tîm.

Yn Green Mountain College, Vermont, 1977.

Gyda Mair fy chwaer yn ei chartref yn Nhregaron, 2005.

Y COLEG NORMAL

A R ÔL troi cefn ar y Royal Army Service Corps a Phentywyn, ro'dd misoedd yr haf yn rhydd i mi gael gweithio ar y fferm. Ro'dd hi bellach yn fach iawn ei maint. Yn dilyn marwolaeth Dat, penderfynwyd gwerthu dwy ran o dair o'r tir, felly ro'dd y fferm 'nôl i'w maint gwreiddiol – rhyw bymtheg erw yn unig.

Cyrhaeddais Fangor mewn cyfnod pan o'dd llawer o bobl yn cael anhawster mawr i ddeall iaith yr hwntw. Clywais aml i 'Be 'dach chi'n ddeud?' neu 'Dw i 'm yn dallt!' ond, yn ara deg, deuthum i'w deall, a hwythau i'm dallt i!

Bûm yn ffodus iawn i gael cartref yn Neuadd Ardudwy ar lan y Fenai. Ro'dd hon yn neuadd fach o ryw ddeg ar hugain o fyfyrwyr, y mwyafrif ohonom yn Gymry Cymraeg. Ro'dd yr amrywiaeth oedran yn sylweddol: ro'dd y myfyrwyr oedd wedi gwneud eu dyletswydd yn y lluoedd arfog rhyw ddwy neu dair blynedd yn hŷn na'r rhai oedd wedi dod o'r chweched dosbarth. Ro'dd Neuadd Ardudwy yn un teulu agos – yr ieuengaf a'r hynaf yn ffrindiau da, yn ogystal â'r Cymry Cymraeg a di-Gymraeg. Does gen i ddim cof bod yr un Sais ar gyfyl y lle.

Ro'dd Neuadd Ardudwy yn unigryw am ddau reswm. Y rheswm cyntaf oedd ei phennaeth, Stanley Jones – 'Birdie' i bawb a fu yno erioed. Hen lanc oedd Birdie, ac edrychai ar bob un ohonom fel ei blant. Ro'dd cadw rheolau'r sefydliad o dragwyddol bwys iddo. Ro'dd yn rhaid i bawb fod yn y neuadd bob nos cyn hanner awr wedi deg, ac ro'dd yn orfodol eu bod wedi arwyddo'r llyfr. Nos Sadwrn, ro'dd caniatâd i ni fod allan tan 11.30 yr hwyr. Cyn fy amser i yn y coleg, ro'dd rhywun wedi cerfio pen aderyn, yn fedrus iawn, allan o ddarn sylweddol o bren, oedd yn union yr un peth â phen Stanley Jones. Bob tro y cynhelid ymarfer tân, byddai Birdie'n mynd i'r man ymgynnull yn

33

yr ystafell gyffredin gan gario'r cerflun yn gariadus o dan ei fraich.

Ro'dd Ardudwy hefyd yn unigryw am ei lleoliad – roeddem yn falch iawn ein bod yn gallu edrych i lawr ar y neuadd breswyl arall islaw – y George. Bob blwyddyn cynhelid parti neu ddawns yn y George, a byddem yn cael bwyd yn Ardudwy. Byddai'n ofynnol i ni gyflwyno ein partneriaid i Stanley Jones, a mawr fyddai ei ddiddordeb yn ein dewis.

Dw i'n siŵr bod pob myfyriwr yn y neuadd yn cofio'r parti Nadolig. Byddai Birdie a'r gwragedd glanhau yn paratoi gwledd o frechdanau a chacennau, a digonedd o sudd oren a dŵr. Ar ôl y swper, byddem yn ymgynnull yn yr ystafell gyffredin ac yn diffodd y golau, ac ym mhen draw'r ystafell eisteddai Birdie wedi'i oleuo gan gannwyll, yn adrodd stori ysbryd iasoer wrth ei gynulleidfa. Ro'dd yr ystafell mor dawel, basech wedi gallu clywed pìn yn disgyn i'r llawr yn ystod yr hanner awr y cyfathrebai'r storïwr mor fedrus â ni. Yn wir, cofiaf fod ofn arnaf fynd i'm hystafell ar ôl y perfformiadau hyn.

Gallwn ysgrifennu llawer am Neuadd Ardudwy gynt – nid yw'n neuadd breswyl bellach – ond byddaf wastad yn cofio'r amser braf a gefais yno – digon o gyfeillgarwch cynnes – cryn dipyn yn wahanol i'r gwersyll yn Aldershot!

*

Pwrpas dod i Fangor oedd treulio dwy flynedd yn gweithio'n galed i ennill tystysgrif athro cofrestredig. Erbyn hyn, fy uchelgais oedd cael swydd yng Nghaerdydd – yno, yn ôl pob golwg, ro'dd fy mrawd Lloyd yn cael amser da, ac yn cael llwyddiant fel athro yn y brifddinas.

Ro'dd y Coleg Normal yn llawn o ddarlithwyr ardderchog – pobl hawdd i siarad a thrafod yn gyfeillgar â nhw. Yn yr Adran Ddaearyddiaeth, ro'dd y darlithydd John Eurig Davies, brawd i Dewi Eurig Davies a Rhys Eirug Davies, oedd yn ysgol Tregaron yr un pryd â fi. Yn yr Adran Ymarfer Corff, ro'dd y bywiog Harri Lloyd, yntau â'i ddiddordeb mawr mewn pêl-droed. Ro'dd Llew

Rees yn yr un adran hefyd – cyn-chwaraewr rygbi disglair a chyflwynydd cyson ar raglen *Byd y Bêl* ar BBC Cymru. Byddem yn aml yn gofyn i Llew pwy oedd y canolwr gorau i chwarae i Gymru. Byddai'n enwi pobl fel Jack Mathews a nifer o rai eraill – ond byth Bleddyn Williams. Yn ddiweddarach, cawsom ar ddeall fod Llew wedi ei ddewis i chwarae dros Gymru adeg y rhyfel, ond ni chafodd ei ryddhau i chwarae, ac mae'n drueni mawr na chafodd gap. Yr eilydd a ddewiswyd i chwarae yn ei le oedd Bleddyn Williams.

Edwin Williams oedd pennaeth yr Adran Ddrama, a dw i'n ddiolchgar iawn iddo am gael chwarae rhan y cymeriad Amlyn yn y ddrama *Amlyn ac Amig* yn yr ail flwyddyn. Chwaraewyd rhan Belisen, gyda llaw, gan Buddug Medi.

Yn yr Adran Gymraeg, ro'dd yr annwyl Dewi Machreth Ellis, a enynnai barch pob myfyriwr dan ei ofal. Ro'dd e hefyd yn barod ei gyngor ynglŷn â gweithgareddau'r Gymdeithas Gymraeg. Cofiaf ei weld un bore ar ôl i mi a David Wynn Meredith guro tîm y brifysgol yn rownd gyntaf yr Ymryson Areithio Ryng-golegol. Ro'dd e wrth ei fodd, a theimlais am funud y byddai'n barod i roi tystysgrif athro i mi yn y fan a'r lle, cymaint oedd ei lawenydd bod y Normal wedi curo'r Brifysgol!

I mi, wrth feddwl am y Normal, daw enw un person yn syth i'r meddwl, sef Menai Williams. Ro'dd hi'n ifanc, hardd, byrlymus, a brwdfrydig ac, yn goron ar y cyfan, yn hoff iawn ohonom ni'r bechgyn. Dywedodd wrthyf un diwrnod, 'John, dw i am i chi weithio'n ddigon caled i gael *distinction* yn y Gymraeg yn yr arholiadau terfynol – r'ych chi'n gwybod y gallwch basio'n hawdd'. Digon yw dweud na chefais y *distinction* disgwyliedig.

Ar ddiwrnod y ddawns olaf cyn ein harholiadau terfynol, ro'dd nifer ohonom wedi treulio'r dydd yn nhafarn y Victoria ym Mhorthaethwy cyn mynd i'r ddawns. Cefais fy mherswadio i ofyn i Menai am ddawns, a chytunodd ar unwaith. Does gen i (na hithau, gobeithio) ddim llawer o gof am y ddawns. Y bore Llun canlynol yn y ddarlith, dywedodd Menai ei bod am weld pob un ohonom yn unigol i drafod ein gwaith. Pan ddaeth fy nhro i, dywedodd, 'Dw i ddim eisiau eich gweld chi, John – fe wnaethon ni drafod eich gwaith yn y ddawns, on'd do?' Fel un corff, protestiodd y myfyrwyr, 'Wel, dyna beth i'w drafod mewn dawns, Miss Williams!' Daeth yr ateb yn syth fel bwled: 'Fe geisiais ei gael i siarad am bethau eraill, ond wnâi o ddim!'

Ond ro'dd tuedd ynom weithiau i fod yn greulon yn ein hatebion i'w chwestiynau, a dyfynnid y cymal 'llewpart a dart yn ei din', o un o gerddi Dafydd ap Gwilym, yn gyson i brofi aml i agwedd o'i waith. Diolch byth, byddai Menai yn dirion iawn ei hymateb. Cafodd ddylanwad mawr arnom fel myfyrwyr, a hefyd o safbwynt dangos i ni bod ein dewis o yrfa yn bwysig iawn yn y frwydr i sicrhau dyfodol yr iaith.

Flynyddoedd maith yn ddiweddarach, gofynnwyd i mi annerch y plant yng ngwasanaeth boreol capel Minny Street yng Nghaerdydd. Wrth sefyll yn y sêt fawr o flaen rhes o blant, o gornel fy llygaid gwelais Menai yn eistedd wrth ochr ei hen ffrind, y Parchedig Huw Ethal.

'Dw i'n gweld fan yna,' meddwn, 'bod fy athrawes yn y coleg yn bresennol. Os gwna i lanast o bethe heddi, arni hi fydd y bai!' Ar ei ffordd allan o'r oedfa, trodd Menai ataf a dweud, 'Yr oen yn dysgu'r ddafad i bori oedd hi heddiw, John'. Gall sawl cenhedlaeth o fyfyrwyr fod yn ddiolchgar iawn iddi am ei harweiniad a'i gofal caredig drosom.

Ro'dd milltir go dda o ffordd o neuaddau'r Ardudwy a'r George i'r ystafelloedd darlithio yn Upper Bangor a hosteli'r merched, a chaniateid chwarter awr ychwanegol i'r bechgyn fod allan. Ro'dd gan y merched a'r bechgyn sgarffiau coleg gwahanol, ac arwydd pendant o ddifrifoldeb carwriaeth oedd cyfnewid sgarffiau. Dw i'n falch o ddweud na wnes i erioed feddwl am wneud y fath beth!

Ro'dd cerdded 'nôl ac ymlaen o'r coleg uchaf i Neuadd Ardudwy trwy Goed Menai yn gallu bod yn boen, felly byddem yn dal bws Crosville. Un bore Sadwrn, daliodd criw o fyfyrwyr Cymraeg y bws, a chanodd un ohonom y gloch tra o'dd y *conductor*, druan, yn mynd â pharsel i siop gyfagos. Aeth y bws yn ei flaen hebddo. Cyrhaeddodd y George; canwyd y gloch eto, ac ymlaen â'r bws i Borthaethwy. Bu'n rhaid i'r *conductor* ddal tacsi ym Mangor er mwyn dal ei fws ei hun! Achosodd y fenter hon gryn gyffro nid yn unig yn y coleg ond trwy Fangor gyfan: bu dau achos llys – ro'dd sôn y byddai'r myfyrwyr yn cael eu gwahardd o'r coleg, hyd yn oed. Cafwyd y troseddwyr yn euog, a chawsant ddirwy sylweddol. Rhoddwyd dirwy ddwbl i'r sawl a ganodd y gloch – ond ni chafodd ei drosedd effaith andwyol ar ei yrfa ddiweddarach fel athro, nac fel aelod o staff y Bwrdd Croeso, HTV na S4C!

Yn yr ail flwyddyn yn y coleg, ro'n i'n aelod o bwyllgor clwb rygbi'r coleg. Un o'm cyfrifoldebau oedd trefnu bysiau ar gyfer amrywiol deithiau. Arferem ddefnyddio cwmni bysiau Whiteways, gan ofyn bob amser am wasanaeth Bob y Gyrrwr. Un tro, trefnwyd taith i Gaerdydd i weld Cymru'n chwarae yn erbyn De Affrica. Ar y dydd Iau a'r dydd Gwener cyn cychwyn ar ein taith, ro'dd hi'n glawio'n drwm. Fe deithiom trwy'r nos a chyrraedd Bargoed yn gynnar ar y Sadwrn. Ro'dd ysgrifennydd y clwb rygbi wedi trefnu i ni chwarae gêm yn erbyn ei glwb yntau adref ym Margoed, Deri RFC. Arllwysodd y glaw trwy gydol y gêm, ac ar ôl i ni golli, dyma ymlwybro'n ddiflas ddigon i'r brifddinas. Ni fu pall ar y glaw, ac mae'n rhaid taw dyna'r gêm rygbi fwyaf diflas a chwaraewyd erioed ar gae mwdlyd a chorslyd Parc yr Arfau. De Affrica a enillodd, dwi'n meddwl, 3–0. Cawsom bryd o fwyd a sawl paned o goffi cyn cychwyn o Gaerdydd am hanner nos. Soniodd Bob y Gyrrwr fod yr heddlu wedi ei rybuddio nad oeddent yn meddwl y byddai'n bosibl teithio ymhellach nag Aberhonddu oherwydd llifogydd mawr. Fodd bynnag, penderfynwyd cychwyn ar y daith. Aethom y tu hwnt i Aberhonddu'n weddol ddidrafferth ond, ar ôl troi yn Llyswen tua Llanfair-ym-Muallt, aeth pethau'n ddrwg.

Aethom yn ein blaenau'n araf iawn tuag at Erwood, ond yn sydyn dyma stopio. Dw i bron yn siŵr taw dim ond fi a Bob oedd ar ddihun yn y bws. Yn y tywyllwch, do'dd dim i'w weld o'n blaenau heblaw llyn mawr, a'r glaw yn dal i dywallt. Erbyn toriad gwawr, ro'dd dŵr yn dechrau dod i mewn i'r bws. Penderfynodd rhai o'r bechgyn geisio dringo i goedwig gerllaw i weld a oedd modd dod o hyd i dŷ yn rhywle, er mwyn rhoi gwybod i'r awdurdodau am ein picil. Ro'dd hyn cyn dyddiau'r ffôn symudol, wrth gwrs. Daethant yn ôl yn hwyrach gyda stenaid o de ac un pecyn o fisgedi. Ni ddiflannodd pecyn o fisgedi mor sydyn erioed. Ataliodd y glaw trwm erbyn tua deg y bore, ond ro'dd y llyn yn dal i dyfu'n fwy ac yn fwy.

Penderfynodd y mwyafrif o'r myfyrwyr gerdded trwy'r caeau dros y bryn tuag at Lanfair-ym-Muallt. Aeth tri ohonom draw i'r tŷ i ddychwelyd y stên. Ches i 'mo'r argraff bod ein ffrindiau newydd yn y tŷ yn cydymdeimlo'n fawr â'n sefyllfa.

Ro'dd Danville, Wyvern a mi yn sefyll y tu allan i'r tŷ pan glywsom sŵn car yn dod o gyfeiriad Llanfair. Ro'dd e'n mynd yn llawer rhy gyflym, ac yn sydyn diflannodd o dan y llyn annisgwyl a oedd wedi ymddangos dros nos. Gan redeg tua'r dŵr, tynnodd Dan a Wyvern eu siacedi a nofio at y car. Dyma lwyddo i gael gwraig allan o'r car yn hanner ymwybodol. Ar ôl ei chario i'r tŷ a ffonio am ambiwlans, ro'dd hi gryn dipyn yn well. Yn ddiweddarach daeth ei gŵr i'w chasglu. Chawson ni ddim gair o ddiolch ganddynt!

Erbyn canol y prynhawn, ro'dd y glaw wedi peidio, a lefel y dŵr wedi gostwng yn sylweddol. Aethom ati i symud y car o'r neilltu, gan gasglu popeth oedd ynddo er mwyn ei drosglwyddo i'r heddlu. Yna, dyma'r bws yn mentro yn ei flaen i Lanfair ond, wedi cyrraedd, daeth yn amlwg na fyddai'n bosibl mynd ymhellach.

Cefais y syniad o fynd i'r gwasanaeth hwyrol yn eglwys Llanfair, gan obeithio y byddai rhai o'r aelodau yn barod i roi tamaid o swper i ni. Ond, yn anffodus, do'dd y Samariad trugarog ddim yn bresennol y noson honno!

Daeth yr heddlu i ddweud eu bod am drefnu llety i ni mewn cabanau cyfagos, a bod swper o gawl a bara yn cael ei baratoi ar ein cyfer. Darparwyd matresi i ni gan y gwasanaeth amddiffyn sifil. Tipyn o siom oedd darganfod bod y cabanau hefyd wedi bod o dan ddŵr, a noson ddigon diflas a gafwyd, er fod y swper yn ardderchog.

Daeth bore Llun, ac fe gefais yr argraff fod Bob y Gyrrwr am ryw reswm braidd yn flin ei bod yn fore mor braf, a bod lefel y dŵr wedi disgyn yn sylweddol. Cwblhawyd gweddill y daith yn weddol ddidrafferth, a chyrraedd Bangor am bump nos Lun.

Wnaeth yr un ohonom godi ar gyfer darlithoedd y bore canlynol. Gan mai fi oedd wedi trefnu'r daith, cefais fy ngalw gerbron y prifathro i egluro ein habsenoldeb. Eglurais bopeth, gan ddweud y gallai'r coleg fod yn falch iawn o ymddygiad y myfyrwyr, ac yn enwedig o ddewrder Wyvern a Danville wrth achub y wraig o'r car. Ond cefais yr argraff bod colli'r darlithoedd yn fater llawer mwy pwysig i'r prifathro!

*

Yn fy ail flwyddyn ym Mangor, cefais fy ethol yn is-lywydd undeb y myfyrwyr ac yn ysgrifennydd. Y llywydd oedd Barry Jones, a fu'n ddiweddarach yn aelod seneddol am flynyddoedd. Ro'dd Barry'n absennol gryn dipyn o'r amser, felly syrthiodd baich cyfrifoldeb y llywydd i'm rhan i – tipyn o waith yr adeg honno. Disgwylid i'r llywydd breswylio yn y George, a'r is-lywydd yn Ardudwy, ond cefais aros yn neuadd Ardudwy.

Ro'dd llawer iawn o weithgareddau cymdeithasol yn y coleg. Bûm yn ysgrifennydd i'r Gymdeithas Gymraeg, a chawsom nifer o deithiau o gwmpas y gogledd yn cynnal nosweithiau llawen. Ro'dd y diweddar Ryan Davies a Rhydderch Jones newydd adael y coleg, ar ôl cyfrannu'n fawr tuag at sefydlu rhaglen adloniant y gymdeithas.

Ro'dd dau dîm rygbi yn y coleg. Deuai mwyafrif y tîm cyntaf llwyddiannus o'r de. Llwyddais innau i chwarae ambell gêm gyda'r tîm cyntaf, ond ymylol fu fy nghyfraniad – er gwaetha'r ffaith i mi dorri pont fy ysgwydd wrth sgorio fy unig gais, yn erbyn RAF Valley.

Ar ôl dwy flynedd hapus iawn, daeth fy nghyfnod yn y Coleg Normal i ben. Fy ngobaith yn awr oedd cael swydd fel athro Cymraeg rywle yn ne Cymru.

DECHRAU CYFNOD O ADDYSGU

Y N 1961 CEFAIS fy swydd gyntaf fel athro. Ar yr adeg honno, ro'dd gan awdurdod addysg Caerdydd weledigaeth glodwiw o safbwynt eu polisi dysgu Cymraeg ail-iaith mewn ysgolion cynradd: apwyntiwyd athro Cymraeg mewn nifer o ysgolion yr awdurdod. Ro'n i'n hapus iawn, felly, o gael fy nerbyn yn aelod o'r gronfa honno o athrawon Cymraeg.

Do'dd gen i ddim dewis ym mha ysgol y byddwn yn cael fy lleoli. Cefais sioc o ddeall y byddai'n rhaid i mi ddysgu mewn dwy ysgol, gan symud o'r naill i'r llall yn ystod yr awr ginio. Ni chyfrifid ysgol yr eglwys, St Monica, nac ysgol Heol Stacey ymhlith ysgolion mwyaf cyffrous y ddinas, ond do'dd dim amdani ond gwneud fy ngorau. Yn rhyfedd iawn, ro'dd Enyd, fy chwaer-yng-nghyfraith, newydd orffen ei gyrfa fel athrawes Gymraeg yn yr un ysgolion, a bu ei chyngor yn werthfawr iawn i mi.

Ro'dd yr arholiad *eleven plus* bondigrybwyll yn dal mewn grym ar y pryd, a byddai'n rhaid i blant a oedd yn methu'r arholiad yn rhacs dreulio gweddill eu dyddiau ysgol yn yr un ysgol. Ro'dd felly blant yn St Monica a Stacey Road a oedd wedi bod yno o bedair oed hyd at bymtheg. Ro'dd mwyafrif y plant hynaf wedi cael llond bol ar addysg ymhell cyn cyrraedd pen y daith, ac ychydig o ddiddordeb oedd ganddynt mewn dysgu Cymraeg. Ro'dd y swydd gyntaf hon yn sialens fawr iawn, felly, a rhaid cyfaddef mai prin oedd y cyfnodau o hwyl, o fwynhad ac o lwyddiant.

Ro'dd prifathrawes Stacey Road yn gymeriad tra diddorol. Ro'dd ei hystafell wedi ei lleoli ar ganol y buarth chwarae, a byddai'n cyfaddef yn agored bod llymaid bach o wisgi amser cinio yn help mawr iddi wynebu'r prynhawn. Ro'dd hi wedi'i rhestru yn y llyfr ffôn fel 'Miss D Rate', ac oherwydd y 'Miss' derbyniai aml i alwad ffôn oddi wrth ddynion a oedd am ddod i'w hadnabod yn well! Yn wir, byddai'n derbyn aml i gynnig am 'ddate' oddi wrth ddieithriaid, a hithau'n 65 oed!

Hir y cofiaf y brifathrawes yn dweud y byddwn yn cael ymweliad oddi wrth arolygwr ysgolion y prynhawn canlynol, gan fy mod ar fy mlwyddyn brawf. Yn anffodus, ro'dd y ddau ddosbarth a oedd gennyf y prynhawn hwnnw wedi colli pob diddordeb mewn meistroli iaith yr Esgob William Morgan, felly syrthiodd fy nghalon, a bu bron i mi ymddiswyddo yn y fan a'r lle. Penderfynais siarad â'r ddau ddosbarth, a dweud wrthynt bod fy nyfodol yn dibynnu ar eu hymddygiad y prynhawn canlynol. Crybwyllais, hefyd, y byddwn yn barod i'w lladd pebaent yn camymddwyn! Gwnes yn siŵr bod digon o bapur a phensiliau ar gael, er mwyn iddynt gopïo o'r bwrdd-du tase pethau'n mynd yn ddrwg iawn. Cyrhaeddodd yr ymwelydd parchus yn brydlon, a rhywsut fe ddysgais y wers a chael rhyddhad o gyrraedd ei diwedd. Mae gen i barch am byth i'r plant yna a fu'n saint tawel drwy'r hanner awr nerfus a ddioddefais.

Does gen i ddim syniad pwy oedd y gŵr parchus; yn sicr nid Cymro ydoedd. Hir y cofiaf mai ei unig sylw ar ddiwedd y wers oedd, 'Mr Evans, these children cannot possibly work in such silence!' Druan ag e – tase fe wedi galw rywbryd arall, mae'n bosibl y byddai'n stori wahanol iawn.

*

Amser cinio bob dydd, awn ar fy meic i ganol y ddinas, i gael ffa pob neu rywbeth arall ar dost yn y National Milk Bar (sydd bellach o dan sylfeini Canolfan Dewi Sant) ac yna ymlaen i St Monica. Ro'dd yr ysgol hon wedi ei lleoli mewn hen eglwys. Gwahanwyd yr ystafelloedd dysgu gan lenni symudol – nid oedd na choridor nac ystafell athrawon. Ro'dd yr ystafell ddysgu Cymraeg yn y canol, a deuai merched pymtheg oed yno bob bore a phrynhawn i wneud te a choffi. Sut oedd disgwyl i athro ddysgu o dan y fath amgylchiadau, wn i ddim. Un o uchafbwyntiau'r wythnos yn St Monica oedd cael un wers rydd. Cawn gyfle i eistedd yng nghefn dosbarth Miss Locke yn darllen neu'n marcio. Dewiswn yr ystafell hon am fod gan Miss Locke brofiad oes o ddysgu plant tebyg i rai St Monica, ac felly ro'dd hi'n ddisgyblwraig ardderchog. A dweud y gwir, ro'dd arna *i* ei hofn – ta beth am y plant!

Ro'dd hi'n fenyw fawr ei maint. Weithiau byddai'n mynd allan o'r dosbarth – bryd hynny, ro'dd hi'n fy atgoffa o'r hwyaid oedd gyda ni ar y fferm ym Mwlch-llan wrth iddi wadlan o un ochr i'r llall. Un prynhawn aeth allan o'r ystafell er mwyn mynd i'r tŷ bach. Daeth yn ôl, ac yn sydyn sylwais fod rhan sylweddol o'i sgert laes ynghlwm wrth lastig ei blwmers mawr pinc. Wnaeth yr un o'r plant ymateb o gwbl i'r sefyllfa tra diddorol a'u hwynebai. Ymlwybrais yn araf tuag at Miss Locke i rannu'r newyddion drwg, ac meddai'n ddigon cas, 'None of your business, boy!' Dychwelais i'm cornel, gan deimlo'n euog o 'drosedd' sydd wedi aros yn fy nghof fyth oddi ar hynny!

Ro'dd yn yr ysgol un athro arbennig iawn, sef George Griffiths. Ro'dd e'n byw yn Nantymoel, ac ef oedd yn gyfrifol am chwaraeon yn yr ysgol. Do'dd tîm rygbi'r ysgol byth yn ennill gêm, ond byddai George yn dal i weithio'n ddygn gyda'r bechgyn ar ôl yr ysgol. Un prynhawn, cafodd y tîm gêm gyfartal yn erbyn trydydd tîm ysgol Cathays, a chaewyd yr ysgol awr yn gynnar i ddathlu'r perfformiad anhygoel!

Ro'dd George hefyd yn ddirprwy ysgrifennydd Cymdeithas Pêl-droed Ysgolion Caerdydd. Ef oedd yn gyfrifol am drefnu holl gêmau timau'r ddinas. Cododd yn fuan iawn i fod yn brif ysgrifennydd ac fe gyflawnodd y swydd yn ddigwyno am dros ddeng mlynedd ar hugain, gan roi cyfle i genedlaethau o blant i gynrychioli'r ddinas ar y maes pêl-droed – yn eu plith, John Toshack a Terry Yorath.

Penderfynodd fy ffrind Howard Spriggs a minnau enwebu George am MBE, am y teimlem ei fod yn llwyr haeddu cael ei anrhydeddu, fel cydnabyddiaeth am ei lafur cariad diflino at bêl-droed y ddinas. Yn anffodus, ni chawsom erioed unrhyw ymateb i'r enwebiad. Yn sicr, byddai wedi bod yn gydnabyddiaeth haeddiannol i rywun na hawliodd erioed hyd yn oed gostau teithio oddi wrth y gymdeithas.

*

Uchafbwynt blwyddyn ysgol pob athro Cymraeg yn y cyfnod hwn oedd dathliad dydd Gŵyl Dewi. Disgwylid i ni baratoi rhaglen sylweddol o amrywiol eitemau mewn cyngerdd neu eisteddfod. Yng ngolwg y prifathrawon, y peth pwysicaf oedd bod y cynghorydd lleol yn cael ei blesio gan y perfformiadau. Ro'dd rhaid i mi baratoi rhaglenni ar gyfer fy nwy ysgol, a bûm yn ddigon ffodus i gael cryn dipyn o gymorth oddi wrth yr athrawon eraill. Byddai'r pennill 'D sy am Dewi, ein sant ydyw ef / E am ei enw, ac aml i dref' yn cael ei lafarganu mewn dwsinau o ysgolion dros Gaerdydd bob blwyddyn.

Byddai clywed cloch yr ysgol yn canu amser cinio ar ddydd Gŵyl Dewi yn rhyddhad i ni i gyd, am ein bod yn cael y prynhawn yn rhydd i ddathlu llwyddiannau'r bore. Byddem yn cyfarfod mewn grwpiau bychain mewn nifer o dai bwyta'r ddinas.

Yn y cyfnod hwn y ffurfiwyd Cymdeithas Athrawon Ail-Iaith Caerdydd o dan arweiniad deinamig Gwilym Roberts. Cefais fy newis yn ysgrifennydd, a dechreuwyd ymgyrchu i sicrhau apwyntio mwy a mwy o athrawon. Ro'dd T O Phillips, y Dirprwy Gyfarwyddwr Addysg a Chymro Cymraeg a fu'n gyfrifol am ddatblygiad yr iaith yn y ddinas, yn frwd dros ben. Cafwyd cefnogaeth ardderchog hefyd oddi wrth Robert Presswood, y Cyfarwyddwr Addysg, a oedd yn ddi-Gymraeg. Un tro, ro'dd Gwilym Roberts a minnau'n rhan o ddirprwyaeth a aeth gerbron Mr Presswood i drafod sefyllfa'r iaith. Cyflwynodd Gwilym ein hachos yn frwdfrydig ac yn ei ddull dihafal ei hun. Ymatebodd Mr Presswood, 'Thank you, Mr Roberts. I only wish I could express myself in my first language the way you have expressed yourself in your second language!'

Ro'dd gan athrawon Caerdydd barch mawr i Mr Presswood, ac ro'n i wastad yn teimlo'n hyderus iawn yn ei gwmni. Ro'dd yr awdurdod yn hael iawn yn ariannol, gan sicrhau bod tua hanner cant o athrawon cynradd yn canolbwyntio'n llwyr ar y Gymraeg. Dw i ddim yn siŵr beth oedd yn ddisgwyliedig yn addysgol gan mai prin iawn oedd yr arweiniad canolog, ac ro'dd y targedau cyrhaeddiad yn amrywio o un ysgol i'r llall. Ro'dd llawer o lyfrau yn rhestru geiriau a chystrawenau, ond ro'dd methodoleg dysgu yn dibynnu'n llwyr ar athrawon unigol. Yn y cyfnod hwn, do'dd dim o'r fath beth â hyfforddiant mewn swydd, ond yn sicr ro'dd ei ddirfawr angen. Nid yw'n syndod, felly, bod y Dirprwy Gyfarwyddwr Addysg yn hapus iawn i glywed bachgen yn Ysgol Gynradd Moorland Road yn adrodd y frawddeg, 'Mae *squirrel* ar y *branch, sir*'! Ie, dyna'r safon ar y pryd.

Ro'dd y gwersi Cymraeg yma'n boblogaidd iawn gan athrawon eraill pob ysgol, ond am y rheswm anghywir: ro'dd y wers Gymraeg yn sicrhau gwers rydd iddynt bob dydd. Mewn gwirionedd, dangoswyd cryn atgasedd at yr iaith gan nifer o'r athrawon dosbarth (di-Gymraeg fynycha), a bu llawer o ddadlau mewn cyfarfodydd undebol a ddylid dysgu Cymraeg o gwbl mewn ysgolion cynradd Saesneg. Bu safiad cryf Cymdeithas Athrawon Cymraeg y ddinas yn gyfraniad sylweddol i barhad dysgu Cymraeg yn y cyfnod yma.

Erbyn diwedd y 1960au ro'dd yna ganran weddol uchel o athrawon Cymraeg eu hiaith yn y mwyafrif o'r ysgolion. Ro'dd y rhain wedi bod yn arbenigwyr Cymraeg ond wedi dianc o'r frwydr am ddau reswm: doedden nhw ddim yn teimlo eu bod yn cael llawer o lwyddiant, yn aml iawn ac, yn yr ail le, ro'dd cyfleoedd i ddatblygu gyrfa yn brin, a do'dd y syniad o dreulio oes ar waelod y brif raddfa gyflog ddim yn rhoi llawer o fodlonrwydd swydd i rywun.

Ar ôl dwy flynedd yn St Monica a Stacey Road, ystyriais o ddifrif y byddai cadw ffowls yn Aeron View wedi bod yn waith llawer mwy cyffrous na bod yn athro. Dywedais wrth y prifathrawon fod dysgu mewn dwy ysgol yn dasg amhosibl, ac roeddent yn cytuno'n llwyr. Trafodais y mater yn y swyddfa addysg, a chael bod swydd Gymraeg ail-iaith yn debyg o ddod yn wag yn ysgol Ton yr Ywen ar y Waun yng Nghaerdydd. Yr athrawes oedd yn gadael ac yn dychwelyd i'w milltir sgwâr ym

Mhowys oedd Marian Rees, sy bellach yn ymgyrchu yn erbyn y ffermydd gwynt.

Es i ymweld â Richard Evans, prifathro Ton yr Ywen, ac ar ôl deng munud, ro'n i'n hollol siŵr y byddwn yn hapus yno. Siaradodd Mr Evans â'r swyddfa, a ffoniodd yn fuan i gynnig y swydd i mi.

'Dim ond un broblem sydd,' meddai. 'Yn ogystal â dysgu Cymraeg, bydd disgwyl i chi ofalu am bêl-droed a chwaraeon eraill yn yr ysgol.'

Pan ynganodd Mr Evans y gair pêl-droed, ro'n i eisoes wedi derbyn y swydd. Dyma ddechrau ar fy nghyfnod proffesiynol mwyaf cyffrous – does gen i ddim ond atgofion melys o'r blynyddoedd nesa yn dysgu plant hyfryd, a'r gefnogaeth gant-y-cant gan y prifathro, y staff a'r rhieni.

TON YR YWEN

R O'DD Ton yr Ywen yn ysgol fawr o dri chant a hanner o blant, mewn ardal a oedd yn gymysgedd o dai cyngor a thai preifat. Adeilad cymharol fodern ydoedd, gyda chaeau chwarae braf. Pan ofynnais i'r prifathro am amserlen, dywedodd wrthyf am lunio fy amserlen fy hun. Gan fod dwy ffrwd yn yr ysgol, byddwn yn dysgu'r dosbarthiadau gorau yn y bore, y gweddill ar ôl cinio, a chwaraeon ar ôl amser chwarae'r prynhawn.

Ro'dd Richard Evans yn wahanol i bob prifathro arall a gwrddais erioed. Ro'dd e'n ddiwylliedig iawn, ac yn arbenigwr ar fywyd a gwaith Thomas Hardy. Byddai'n dweud yn aml ei fod wedi darllen gwaith Hardy, a phopeth a ysgrifennwyd amdano, o leiaf chwech o weithiau. Do'dd ganddo fawr o ddiddordeb mewn Mathemateg a Gwyddoniaeth. Pan ddeuai arolygwr ysgolion i drafod y cwricwlwm, yn ddieithriad byddent yn cael darlith ganddo am Thomas Hardy, a byddent yn gadael yr ysgol yn edifar eu bod wedi dod i Don yr Ywen erioed.

Ro'dd Richard Evans yn ddarllenwr mawr, ac am flynyddoedd arferai ef a Mrs Evans dreulio pob gwyliau haf yn Weston-Super-Mare, am fod siop lyfrau ail-law ardderchog yno. Dywedodd Mrs Evans wrthyf un tro, 'John, if we go to Weston again this year, I'm going to leave him'. O ganlyniad, aethant i Ilfracombe – am fod yna wasanaeth bysiau hwylus iawn oddi yno i Weston! Druan â Mrs Evans.

Ro'dd ganddo lawysgrifen artistig iawn, ac ysgrifennai ar y bwrdd du gyda sialc yn llawn mor grefftus ag y gwnâi ar bapur â'i *fountain pen* werthfawr. Rhoddai wersi llawysgrifen yn gyson i'r plant hynaf, a dw i'n siŵr taw Ton yr Ywen fyddai'n ennill pob cystadleuaeth llawysgrifen, am fod pob plentyn am efelychu ei brifathro.

Ar ôl bod yn yr ysgol am gyfnod, dechreuais gynnal gwasanaeth boreol Cymraeg, ac ar ôl yr ail emyn byddai'r prifathro'n dod i'r neuadd i adrodd stori i'r plant. Ro'dd hon yn un stori hir a fyddai'n parhau ar hyd y flwyddyn ysgol. Hanes ei ffrind Bili, o Gefn Coed-y-Cymer, a adroddai. Dw i ddim yn meddwl bod Bili yn gymeriad cig-a-gwaed, ond ychwanegai Mr Evans at y stori bob dydd Mawrth heb damaid o sgript. Pan fyddai'n dod i'r neuadd, dywedai wrth y staff nad oedd raid iddynt aros i wrando ar y stori, ac y caent fynd i'w stafelloedd dosbarth. Ond dw i ddim yn meddwl bod yr un athro wedi gadael erioed, rhag ofn iddynt golli'r bwletin nesa o 'Anturiaethau Bili'. Dyna grefft nas gwelais gan neb arall byth wedyn. Byddai'n llwyddo i gael llond neuadd i chwerthin neu dristáu fel y byddai'r stori'n datblygu.

Yn y cyfnod hwn penderfynodd yr awdurdod addysg roi'r hawl i'r disgyblion optio allan o'r gwersi Cymraeg os dyna oedd dymuniad y rhieni. Yn wir, pan ddechreuais i yno, ro'dd bron i hanner y disgyblion wedi optio allan. Beth oedd y ffordd orau i oresgyn y broblem yma, tybed?

Ffurfiwyd cynllun: penderfynwyd parchu dymuniadau'r rhieni trwy wneud yn hollol siŵr na châi'r plant oedd wedi optio allan glywed yr un gair o Gymraeg. Caent waith Saesneg yn y dosbarth adeg y gwasanaeth boreol Cymraeg. Ymhellach, ni chaent ymuno yn y gweithgareddau Cymraeg-eu-hiaith niferus. Bob dydd Gwener, byddai Adran yr Urdd yn cyfarfod i gael hwyl yn chwarae gêmau trwy gyfrwng y Gymraeg. Yn yr haf, byddem yn mynd i wersyll yr Urdd. Yn ogystal, sefydlais glwb pêl-droed pump-bob-ochr drwy gyfrwng y Gymraeg. Buan iawn y daeth plant ataf i ofyn a allent ymuno yn yr amrywiol weithgareddau hyn. Yr ateb bob tro oedd 'na'. Byddwn yn egluro wrthynt y byddai eu rhieni yn gwylltio'n gacwn pe baent yn cael eu harwain ar gyfeiliorn trwy ddysgu Cymraeg. Gweithiodd y cynllun yn berffaith, ac erbyn diwedd y flwyddyn ro'dd pob un plentyn yn yr ysgol yn astudio Cymraeg!

Un o'r rhieni olaf i newid ei feddwl oedd Pennaeth Saesneg Coleg Hyfforddi Cyncoed. Yn wir, daeth ei ddau blentyn i serennu yn y Gymraeg, a'u rhieni yn falch iawn o'u gallu yn yr iaith cyn gadael yr ysgol.

Es ati i baratoi targedi ieithyddol i bob dosbarth, gyda'r bwriad o gael canran sylweddol ohonynt i siarad Cymraeg. Rhaid cofio, wrth gwrs, bod gyda ni blant galluog yn yr ysgol, o deuluoedd cefnogol. Rhoddais bwyslais ar sicrhau bod y plant yn cael profiadau diddorol yn yr iaith.

Ond ar yr adeg hon, dechreuwyd sylweddoli bod y gwersyll haf yn Llangrannog wedi troi i fod yn gwbl Saesneg. Nid oedd y pennaeth, Ifan Isaac, yn hapus iawn o glywed pobl yn dweud bod y gwersyll wedi mynd fel Butlins bellach. Ro'dd yna deimlad ymhlith athrawon ar y pryd efallai bod rhedeg gwersyll Cymraeg yn amhosibl bellach gyda chynifer o blant yn dod yno yn siarad dim ond Saesneg. Bu Gwilym Roberts, Caerdydd, yn flaenllaw iawn yn y cyfnod nesaf yn arwain cyrsiau a chael cefnogaeth dda gan nifer o athrawon ail-iaith yn y de. O ganlyniad, llwyddwyd i gynnal holl weithgareddau'r gwersyll trwy gyfrwng y Gymraeg.

Yn araf, newidiwyd pethau – cynhaliwyd cyrsiau iaith dwys i geisio Cymreigio'r holl wersyll. Bu ymateb yr ysgolion yn syfrdanol, a bu dylanwad y gwersyll ar fethodoleg dysgu ail-iaith yn sylweddol. Ro'dd pob ysgol am wneud yn siŵr bod eu plant hwy yn gwneud yn dda ar y cyrsiau, a sylweddolwyd y gallai plant ail-iaith ddod yn rhugl yn y Gymraeg.

Ro'dd wythnos yn y gwersyll gyda thri chant o blant yn waith caled, ond yn llawn hwyl. Yn ogystal â chynllunio rhaglen ddeuddeg awr o weithgareddau bob dydd, byddai'r athrawon yn gyfrifol am osod y byrddau bwyd ac am olchi'r llestri – mewn un sinc hen ffasiwn! Ro'dd clywed y plant yn canu nodau olaf 'Arglwydd, mae yn Nosi' cyn diflannu i'w hystafelloedd yn felys iawn bob nos.

Ro'dd yn syndod i mi fod disgyblion o gefn gwlad sir Aberteifi yn mynychu'r cyrsiau ail-iaith hyn. Roeddwn i'n meddwl taw'r polisi ar y pryd oedd anelu at sicrhau bod holl blant y sir yn medru siarad Cymraeg yn rhugl cyn gadael yr ysgol gynradd. Ond ro'dd hi'n amlwg bod y mewnfudwyr i ysgolion Aberteifi wedi dechrau yn y cyfnod hwn ac yn achosi problemau ieithyddol dwys i'r ysgolion. Ro'dd problemau ail-iaith Caerdydd bellach yn broblem i blant Aberteifi.

Un tro, daeth bachgen arbennig o alluog, Andrew Davies, ar un o'r cyrsiau. Yn un ar ddeg oed, ro'dd ei Gymraeg cystal fel nad o'dd angen i mi siarad Saesneg ag e o gwbl. Deuai o deulu uniaith Saesneg. Penderfynodd y diweddar Illtyd Lewis o Adran Ysgolion y BBC ei fod am wneud ffilm ohono yn treulio wythnos yn y gwersyll. Bu'r ffilm yn gryn lwyddiant, ond ar y bore olaf ro'dd y *professor* bach wedi cael llond bol – do'dd e ddim am godi o'i wely yn y babell, ac ro'dd y criw ffilmio'n benderfynol o gynnwys Andrew yn codi o'i wely yn y ffilm orffenedig. Bu'n rhaid i'r criw druain aros y tu allan i'w babell am yn agos i awr. Er i mi gynnig pob math o ddanteithion iddo, do'dd dim yn tycio tan i mi addo dod â brecwast iddo yn ei wely. Cytunodd, a mawr fu ei fwynhad o'r brecwast arbennig hwnnw. Tybed a gafodd yr un disgybl iach frecwast yn ei wely yn Llangrannog fyth ar ôl hynny? Bu'r ffilm orffenedig yn llwyddiant mawr, a gwnes ddefnydd da ohoni wrth geisio gwerthu'r iaith i'r rhieni. Baswn wrth fy modd yn cyfarfod ag Andrew eto – tybed ble mae e erbyn hyn?

Yng nghanol y 1960au, agorwyd yr Uned Iaith Genedlaethol ym Mhontypridd. Do'dd gan awdurdod addysg Caerdydd ddim Trefnydd Iaith bryd hynny, felly gofynnwyd i mi gynrychioli'r awdurdod ar bwyllgor llywio'r Uned. Penderfynwyd mai blaenoriaeth yr Uned fyddai datblygu cwrs pedair-blynedd i gyflwyno'r Gymraeg fel ail iaith yn adrannau iau ein hysgolion cynradd.

Gwariwyd arian mawr ar ddatblygu'r cwrs Llafar a Llun, uned sylweddol o iaith bob wythnos. Bob dydd Gwener, byddai'r plant yn gwylio ffilm a gwrando ar dâp a fyddai'n cadarnhau gwaith yr wythnos. Gofynnwyd i mi arbrofi gyda'r cynllun yn Nhon yr Ywen, ac yn fuan iawn deuthum i'r casgliad y byddai'n hollol amhosibl i fy nisgyblion gael budd ieithyddol o'r cynllun fel ag yr oedd.

Mewn cyfarfod gwerthuso yn yr Uned, mynegais fy marn yn glir iawn – byddai cyflwyno cymaint o iaith o'r newydd bob wythnos yn sicr o danseilio unrhyw hyder a fyddai gan y plant yn y Gymraeg. Nid oedd Eric Evans, cyn-Ymgynghorydd Cymraeg Morgannwg a phennaeth yr Uned, yn hapus o gwbl i dderbyn unrhyw feirniadaeth. Mewn cyfarfod i drafod ymateb y plant i'r cwrs, dyma un o athrawon Morgannwg yn cyhoeddi'n hyderus, 'Don't listen to him from Cardiff – it's a lovely little course – the children love it.' Rai blynyddoedd yn ddiweddarach, cefais dystiolaeth o fethiant Llafur a Llun yn sir Forgannwg.

Ro'dd llyfr cyntaf y cwrs yn ddigon derbyniol, yn cynnwys ystod dda o eirfa a sefyllfaoedd a oedd yn apelio at y plant. Penderfynais y gwnawn y defnydd gorau y gallwn o'r llyfr, ond dim ond ar ôl ei addasu i'r fath raddau fel nad oedd dim cysylltiad rhwng yr hyn a wnawn i ag athroniaeth ganolog Llafur a Llun. Dw i'n siŵr bod llyfr dau a thri yn dal i hel llwch ar silffoedd yr ysgol!

Dysgais gan brifathro Ton yr Ywen fod cael hwyl a sbri disgybledig yn hollbwysig wrth gyflwyno iaith i blant. Byddai'n aml yn sefyll o flaen llond neuadd o blant ac yn 'adrodd' salm gyfan o ddarn bychan o bapur maint stamp. Pan oedd yn blentyn, ro'dd e wedi dysgu nifer o'r salmau ar ei gof, ac ro'dd y plant nawr yn llawn edmygedd o'i allu i gael salm gyfan ar ddarn o bapur mor fach. Ie, gimic mae'n siŵr, ond mor effeithiol!

Sylweddolais fod yn rhaid i minnau ystyried lle gimics yn fy ngwersi, os oeddwn am wneud y gwaith yn hwyl ac yn ddiddorol i'r plant. Wrth basio trwy gegin yr ysgol un dydd, sylwais fod yna ryw fath o risiau yn arwain at ddrws yn y to. Penderfynais ddringo'r grisiau a chefais gryn syndod wrth gyrraedd ystafell fechan wyth troedfedd sgwâr, gydag un bylb golau. Ro'dd hi'n frwnt iawn, ond yn gynnes, gan ei bod drws nesaf i'r simnai. Es ati i lanhau'r lle a rhoi desg a dwy gadair yno. Weithiau byddwn yn gwahodd dau ddisgybl gweithgar i ddringo i'r llofft ryfedd hon i ddysgu geirfa neu i baratoi deialog ar destun arbennig, ond ar ôl dod 'nôl i'r dosbarth byddai'n rhaid iddynt ddangos eu bod wedi cyflawni'r dasg a osodwyd iddynt. Tyfodd rhyw ramant rhyfedd am y 'Twll Du', fel y'i gelwid, a byddai'r plant wrth eu bodd i gael eu dewis i fynd yno. Gwyddent, wrth gwrs, pe na baent yn cwblhau'r dasg yn foddhaol, na welent y Twll Du fyth wedyn. Bu'n uchelgais gan nifer sylweddol o blant hŷn yr ysgol i gael treulio amser yn y Twll Du, a gellid eu clywed yn dadlau a thrafod ar yr iard pa mor aml roeddent wedi cael eu 'hanrhydeddu' wrth dreulio cyfnod mewn lle digon digysur.

Ro'dd neuadd ysgol ardderchog yn Nhon yr Ywen gyda llwyfan mawr, llenni, a digon o lifoleuadau braf. Gwnaed defnydd o'r adnoddau gwerthfawr hyn i roi profiadau ieithyddol go iawn i'r plant. Yr 'iaith ar waith', fel petai. Yn ystod fy nghyfnod yno, sgriptiais a chynhyrchais y sioeau *Y Pibydd Brith*, *Y Dewin o Oz*, Pasiant yr Urdd a chyfieithais ddarnau o sgript y ffilm *Olifer*. Bu *Olifer* yn brofiad bythgofiadwy i'r plant. Dw i bron yn siŵr mai ni oedd yr ysgol gyntaf i lwyfannu'r stori yn Gymraeg. Cafodd rhannau ohoni eu ffilmio yn stiwdio deledu HTV, a gwnaeth Adran Gymraeg Coleg Hyfforddi Cyncoed ddefnydd da ohoni wrth hyfforddi athrawon. Llwyfannwyd cynhyrchiad Ton yr Ywen yr un pryd ag yr oedd y ffilm yn ymddangos yn y sinemâu am y tro cyntaf. Ro'dd diddordeb ymarferol y rhieni wrth helpu gyda'r gwisgoedd a'r set yn rhyfeddol, a phawb yn edmygu eu plant wrth iddynt ymdopi mor hyderus â'r sgriptiau Cymraeg. Credaf fod amrywio'r gweithgareddau a rhoi digon o hwyl i blant yn sbardunau gwerthfawr i sicrhau eu bod yn mwynhau ac yn dysgu trwy hwyl.

Ro'dd gennym gysylltiadau ardderchog gydag athrawon yr ysgolion uwchradd fyddai'n cymryd y plant yn un ar ddeg oed – ysgolion Cathays, ysgol uwchradd Caerdydd, ac ysgol Howells – a byddem yn trafod gallu'r plant yn y Gymraeg yn gyson iawn er mwyn sicrhau nad oedd gormod o ailadrodd gwaith wedi iddynt ddechrau yn y sector uwchradd.

'Our soccer teacher teaches Welsh to us,' meddai un bachgen wrth ei rieni un diwrnod, ac efallai ei fod yn llygad ei le. Ro'dd yna bwyslais mawr ar bêl-droed yn ysgolion Caerdydd erioed, ac yn arbennig yn yr ysgolion cynradd yn y 1960au. Ro'dd gweinyddiad yr holl gynghreiriau mor drefnus, a'r brwdfrydedd yn heintus iawn. Bûm yn ffodus iawn i hyfforddi timau ardderchog yn yr ysgol – enillon ni sawl pencampwriaeth. Cofiaf un rhiant brwd iawn yn dweud wrthyf un diwrnod, 'Pam wyt ti'n gweiddi ar y plant yn Saesneg? D'yn nhw ddim yn gwrando – man a man i ti weiddi'n Gymraeg!' Cyngor da oedd hwnnw, a dilynais ef yn aml. Ar un adeg aeth y tîm am dair blynedd heb golli gartref. Daeth John Humphrys (sydd bellach yn lladmerydd ar *Today* ar Radio 4) i'r ysgol pan oedd yn gyw-ddarlledwr yn HTV. Canlyniad yr ymweliad hwn oedd i ni golli'r gêm y Sadwrn canlynol!

*

Erbyn y cyfnod hwn, ro'n i wedi priodi Tegwen. Ro'dd hi wedi gorffen yn ei swydd yn St Joseph's ac roeddem wedi dechrau magu teulu. Ro'dd cael dau ben-llinyn ynghyd yn gryn broblem, ac ar ben fy ngwaith, ro'n i'n dysgu mewn ysgol nos bedair noson yr wythnos. Yn dilyn y patrwm yng Nghaerdydd dros y blynyddoedd, do'dd fawr o siawns gen i i ddringo'r ysgol gyflogaeth a symud o'r hen Raddfa 1. Awgrymais wrth y prifathro efallai y dylwn gael codiad cyflog ar ôl deng mlynedd o wasanaeth digon prysur yn yr ysgol. Pan ddaeth swydd Graddfa 2 yn wag yno, penderfyniad y prifathro oedd dewis athrawes i gael yr arian ychwanegol am archebu deunyddiau gwnïo i'r merched. Teimlais y dylwn innau fod wedi cael fy ystyried am ychydig o ddyrchafiad hefyd, ond nid felly y bu.

'But you enjoy the work so much!' oedd ei ymateb. 'I didn't consider that you wanted a pay rise.' Ro'dd y neges yn glir iawn: yn anffodus, do'dd mwynhad ddim yn ddigon i dalu'r morgais a sylweddolais fod yr amser wedi dod i mi symud o Don yr Ywen.

Gwelais hysbyseb am swydd Graddfa 3 yn ysgol Lakeside. Dyma'r geiriad '. . . to be responsible for language development across the school and develop sport in Standards 3 and 4'. Ceisiais am y swydd er y gwyddwn fod 'language development' yn golygu datblygu Saesneg i'r awdurdod. Gwyddwn hefyd mor frwd oedd y prifathro dros bêl-droed, ac mae'n siŵr mai athro pêl-droed fyddai ei flaenoriaeth ef yn hytrach nag athro Cymraeg.

Ro'dd ymgynghorydd Saesneg yr awdurdod yn y cyfweliad, gŵr a oedd yn adnabyddus am fod yn hollol wrth-Gymraeg. Pan ddaeth cyfle yn y cyfweliad, dywedais ei bod yn hen bryd i'r awdurdod sylweddoli bod dwy iaith yn cael eu dysgu yn ein hysgolion cynradd, ac y gallai'r swydd hon fod yn gyfle da i ddatblygu dwyieithrwydd yn Lakeside. Awgrymais hefyd y gellid ystyried datblygiad tebyg yn holl ysgolion Caerdydd.

Ni chefais y swydd – gwnaeth yr ymgynghorydd Saesneg hi'n hollol glir bod fy syniadau yn wallgo. Dywedodd wrthyf hefyd am beidio trafferthu â cheisio am swyddi eraill yng Nghaerdydd gan fy mod wedi ei sarhau a gwastraffu ei amser. Ni theimlais y dylwn ymddiheuro iddo, ac es adre ar fy meic yn ddigon hapus fy mod wedi gwneud rhyw safiad bach dros y Gymraeg.

*

Ymddeolodd Richard Evans o ysgol Ton yr Ywen yn 1970, a sylweddolais yn fuan iawn na fyddai'r ysgol fyth yr un fath wedyn – ro'dd yn amser i mi symud ymlaen o ddifrif. Yn 1972 llwyddais i gael swydd yn unig ysgol Gymraeg Caerdydd, sef Bryntaf.

O edrych yn ôl dros fy nghyfnod yn Nhon yr Ywen, dw i'n eitha hapus o feddwl bod y plant wedi cael cyflwyniad digon diddorol a chyffrous i'r Gymraeg, a gwn fod diddordeb llawer iawn ohonynt yn parhau yn yr iaith. Mae un ohonynt bellach yn gyfieithydd yng Ngwynedd ac mae tair merch yn athrawon Cymraeg yn y gogledd. Hyfryd yw cael sgwrs gyda rhai ohonynt o hyd.

BRYNTAF A CHANOLFAN YR URDD

BU CYRRAEDD Ysgol Gymraeg Bryntaf yn newid byd llwyr i mi. Gwyddwn fy mod yn mynd i ysgol tra enwog – unig ysgol Gymraeg Caerdydd, a thros 500 o blant ynddi. Byddwn bellach yn dysgu'r cwricwlwm cyflawn, wedi cyfnod mor hir o ganolbwyntio ar Gymraeg a chwaraeon. Ro'dd cael codiad cyflog yn dderbyniol iawn hefyd, a chefais y cyfrifoldeb o gydlynu gwaith Uned 3, oedd yn cynnwys tri dosbarth o blant wyth oed. Fedrai yr un athro gael gwell dosbarth o blant – y mwyafrif ohonynt yn dod o gartrefi lle mai Cymraeg oedd iaith yr aelwyd. Erbyn hyn, a dim diolch i mi, mae llawer ohonynt yn cynnal ac yn arwain nifer o fudiadau Cymraeg ar lefel genedlaethol yn llwyddiannus iawn.

Bu'r profiad o weithio ym Mryntaf yn werthfawr iawn i mi. Ro'dd yno nifer o athrawon galluog a brwdfrydig ac ro'dd yr ystod o brofiadau a gynlluniwyd ar eu cyfer mor werthfawr a chyffrous. Yn arwain y tîm yn ei ddull unigryw ei hun yr oedd y prifathro, Tom Evans. Ro'dd gofal Tom o'r praidd yn ddiarhebol. Gallai gofio enw pob un plentyn yn yr ysgol. Dw i'n siŵr mod i'n iawn i ddweud ei fod yn cofio enwau'r mwyafrif ohonynt hyd heddiw. Mathemateg – neu 'Mathema*tomeg*' fel y byddai llawer o'r staff yn galw'r testun – oedd diddordeb mawr Tom. Bu'n arloeswr yn y maes ac ro'dd trefnu nosweithiau rhieni i egluro'i gynlluniau yn bwysig iawn iddo. Rhaid i mi gyfaddef taw niwlog iawn oedd fy nealltwriaeth i o'r pwnc, ac ro'dd meddwl am y sesiynau gyda'r rhieni yn rheswm da dros gael pen tost!

Bob prynhawn Llun byddwn yn cymryd chwaraeon gyda'r bechgyn hynaf ac, yn nhymor y gaeaf, byddwn yn canolbwyntio ar bêl-droed, wrth gwrs. Yn fy nhymor cyntaf, cawsom lwyddiant mawr yn yr ail adran. Llwyddodd Huw Owen i ennill ei le yn nhîm y ddinas fel gôl-geidwad hynod ddewr a mentrus. Dewisid a hyfforddid tîm y ddinas yn y cyfnod hwn gan dri ohonom – Dic Davies, y diweddar Howard Spriggs, a minnau, y tri ohonom yn Gymry Cymraeg. Bu'r iaith yn werthfawr iawn i ni ar brydiau wrth i ni drafod y tîm yng ngŵydd rhieni, gan na fyddai'r un ohonynt yn deall ein bwriadau, gan mai yn Gymraeg y byddem yn trafod bob amser!

Bu'r daith hir i Landudno i chwarae yng Nghwpan Cymru yn brofiad cofiadwy. Ein tîm ni oedd y cyntaf erioed i chwarae dros Gaerdydd yn erbyn Llandudno ar unrhyw lefel. Cawsom groeso swyddogol hyfryd iawn gan arglwydd faer Llandudno, a llety a swper blasus mewn gwesty crand. Dyma'r tro cyntaf i'r mwyafrif o'r bechgyn gael aros yn y fath westy, ac roedden nhw wedi cyffroi'n lân, ac yn anodd eu perswadio i fynd i gysgu. Wedi cael y fath groeso, teimlais ryw euogrwydd rhyfedd ein bod wedi ennill y gêm o 7–1. Gan ei bod yn gystadleuaeth Cwpan Cymru, bu'n rhaid i dîm Llandudno ddod i lawr i Gaerdydd i chwarae'r ail gymal. Fe chwaraeon ni'r ail dîm y diwrnod hwnnw, ac ro'dd y sgôr y tro hwn yn 9–1 i dîm y brifddinas. Rhaid cyfaddef bod ein croeso ni yn y ddinas yn sobor o wael iddynt – 'sgod a sglods mewn caffi-stryd-gefn fu'r unig groeso oedd gyda ni i'w gynnig.

Llwyddwyd i gyrraedd rownd gyn-derfynol y cwpan, yn erbyn dinas Casnewydd. Cafodd Huw Owen gêm ardderchog yn y gôl yn yr hanner cyntaf ond, yn anffodus, cafodd anaf cas ar ddechrau'r ail hanner, a ninnau'n ennill o 3–0. Aeth pethau o ddrwg i waeth a chollwyd y gêm o 4–3. Ro'dd llawer o'r diolch am fuddugoliaeth Casnewydd yn ddyledus i'w capten, Mark Aizlewood. Aethant ymlaen i ennill y rownd derfynol yn erbyn Abertawe. Cafodd Mark yrfa lwyddiannus iawn yn chwarae'r gêm ar y lefel uchaf bosibl, gan ennill deugain namyn un o gapiau i Gymru. Pan orffennodd ei yrfa broffesiynol yng Nghaerdydd, gofynnodd i mi roi gwersi Cymraeg iddo ac, yn wir, bu ei allu i ddysgu'r iaith yn cymharu'n ffafriol iawn â'i allu ar y maes pêl-droed – dyfalbarhad, a mentro!

Ond am nifer o resymau, nid oeddwn yn gyfan gwbl hapus ym Mryntaf. Do'dd yr adeilad a'r adnoddau chwaraeon ddim hanner

55

cystal â rhai Ton yr Ywen. Teimlwn hefyd fy mod wedi aros yn rhy hir yn y maes ail-iaith – mewn gwirionoedd, ro'dd angen llawer o hyfforddiant arnaf i feistroli cwricwlwm llawn Bryntaf. Penderfynais ddechrau ceisio am swyddi eraill, er nad oeddwn yn sicr o gwbl pa fath o waith fyddai'n apelio ataf.

Ro'dd gan Urdd Gobaith Cymru le pwysig iawn yn fy ngwaith yn Nhon yr Ywen ac ar ôl hynny ym Mryntaf. Ro'dd Adrannau llwyddiannus iawn mewn llawer o'r ysgolion cynradd ac uwchradd. Yn y 1960au sefydlwyd Mabolgampau'r Urdd ar gyfer holl Adrannau'r brifddinas. Byddem yn eu cynnal ar brynhawn Sadwrn yn stadiwm athletau y Maendy. Llwyddwyd i ddenu rhyw bymtheg o Adrannau cynradd, ac wyth Adran uwchradd. Byddai'r timau uwchradd yn cynnwys plant hyd at 18 oed. Does gen i ddim cof i ni gael trafferth o gwbl i ddenu llu o athrawon i weithio fel stiwardiaid, ac ro'dd digon o hwyl. Rhoddwyd tystysgrifau hardd i'r enillwyr, a tharianau i'r timau oedd wedi ennill y mwyaf o bwyntiau. Tybed beth fyddai'r ymateb heddiw petaen ni'n ceisio trefnu gweithgaredd tebyg ar brynhawn Sadwrn?

Ro'dd Aelwyd yr Urdd, o dan arweiniad ymroddedig Gwilym Roberts, yn mynd o nerth i nerth. Ro'dd llwyddiant Côr yr Aelwyd mewn Eisteddfodau Cenedlaethol, o dan arweiniad Alun Guy, yn ddiarhebol. O dan arweiniad Chris a Rhodri Jones, ro'dd Grŵp Dawnsio Gwerin yr Aelwyd yn tyfu o ddydd i ddydd.

Ro'dd hi'n amlwg bellach bod yn rhaid cael canolfan newydd bwrpasol yn gartref i'r holl weithgareddau. Prynwyd ysgoldy oedd yn perthyn i Gapel Methodistiaid yn Heol Conwy, ac yn 1967 symudwyd i mewn i'n cartref newydd. Bu'r gwaith o godi arian ar gyfer addasu'r adeilad i ateb gofynion yr Urdd yn gyfnod hynod ddiddorol. O dan arweiniad medrus iawn Glan a Bob Roberts, roeddem yn sicr o lwyddo i gwblhau'r dasg, er gwaetha'r ffaith fod llawer o bobl yn meddwl ein bod yn wallgo.

Bu'r elw o £11,500 o gêm rygbi Jiwbilî'r Urdd yn Ebrill 1972 yn hwb anferth i ddatblygiad y fenter. Hon, wrth gwrs, oedd gêm olaf Barry John, a ddewisodd y tîm i chwarae yn erbyn XV Carwyn James. Byddai trefnu gêm o'r fath ym Mharc yr Arfau wedi bod yn amhosibl oni bai am lafur diflino a chysylltiadau'r trefnydd, sef John Evans, sylwebydd chwaraeon yn y BBC.

Yn 1975 cefais fy newis yn Gadeirydd Canolfan yr Urdd, yn olynydd i Bob Roberts, a ddaeth yn gadeirydd cenedlaethol i'r mudiad. Gwyddwn o'r dechrau nad gwaith hawdd fyddai dilyn yn ôl traed Bob. Daeth John Walter Jones yn ysgrifennydd ar ôl i John Watkin fynd i weitho i Frunei am gyfnod. Parhaodd Elwyn Tudno fel trysorydd ac, ar ei ôl, daeth Mefus Evans. Arhosodd David Clement fel pensaer, a Gareth Walis Evans yn gyfreithiwr mygedol. Ro'dd gwaith mawr yn ein haros i sicrhau digon o arian i gynnal yr hen adeilad mawr, ac i'w addasu i fod yn gartref teilwng i holl weithgareddau'r mudiad.

Bu'r galw ar y ganolfan dros y cyfnod hwn yn aruthrol. Ar un adeg, ro'dd dros gant a hanner o oedolion yn dysgu Cymraeg yno bob nos ar gyrsiau Wlpan. Yn ffodus, ro'dd yna dîm ardderchog o athrawon profiadol ymroddedig i'w dysgu bum noson yr wythnos yn ddi-dâl. Datblygodd gweithgareddau'r côr ac aeth y grŵp dawnsio gwerin o nerth i nerth.

Ond ro'dd cadw'r drws ar agor yn golygu codi miloedd o bunnoedd bob blwyddyn, a phrin fod cynnal ambell fore coffi yn debyg o ateb y gofyn! Penderfynwyd bod rhaid bod yn fentrus ac arloesol. Gwnaed cais am yr hawl i werthu hufen iâ yn Eisteddfod yr Urdd yn y Barri – ac ar ôl tawelu meddyliau ac argyhoeddi Prif Swyddfa'r Urdd yn Aberystwyth, enillwyd cytundeb. Aed ati ar unwaith i adeiladu nifer o gabanau pren ar gyfer ein rhewgelloedd. Bu'r fenter yn hynod lwyddiannus, a chawsom lawer o hwyl. Yn anffodus, ro'dd yna fathodyn bach ar y tybiau hufen iâ yn cofnodi rhyw achlysur brenhinol yn 1953 – ro'dd hyn yn destun pryder i rai o aelodau'r pwyllgor, ond ni amharodd ddim ar y gwerthiant.

Bellach, ro'dd gennym ddigon o hyder i ehangu ein gorwelion a bod yn llawer mwy uchelgeisiol. Yn 1976 gwnaed cais am y cytundebau hufen iâ, yn ogystal â'r rhai am y stondinau melysion a siocledi, ffrwythau, cŵn poeth, dônyts, a llaeth yn Eisteddfod yr Urdd, Porthaethwy. Awgrymodd nifer o bobl fod rhaid bod gwendidau mawr ym mhennau'r pwyllgor yn ystyried y fath beth. Ond enillwyd y cytundebau, a gwnaethom elw o dros £2,000 –

arian sylweddol yn '76. Dyma'r tro cyntaf i hufen iâ Thayers o Gaerdydd fentro i'r gogledd, ond fe fodlonodd filoedd ar y maes. Bu hon yn fenter fawr i sicrhau bod y gwasanaeth yn broffesiynol, ac yn bodloni pawb o'n cwsmeriaid. Teimlem, fel pwyllgor, ein bod wedi llwyddo, gan sicrhau bod yr holl elw yn aros gyda mudiad yr Urdd, ac ro'dd hynny'n bwysig i ni.

Efallai i'r swyddfa yn Aberystwyth gael prawf ein bod yn hollol boncyrs pan wnaethom gais am y cytundeb meysydd parcio yn Eisteddfod Genedlaethol Caerdydd yn 1978.

Bu'n rhaid argyhoeddi pwyllgor canolog yr Eisteddfod a'r heddlu o'n gallu i ymgymryd â'r fath waith. Cawsom rybudd gan yr heddlu, pe byddai problemau mawr gyda'r traffig yn ystod y gyngerdd gyntaf – cyngerdd Syr Geraint Evans – y byddent yn cipio'r cyfrifoldeb oddi wrthym ar unwaith, ac am weddill yr wythnos. Diolch byth, aeth y noson gyntaf yn llyfn iawn, a gweddill yr wythnos yr un modd. Yn y gorffennol, ro'dd gan National Car Parks fonopoli ar y gwaith hwn am flynyddoedd, a'r elw'n diflannu i Loegr. Gallwn ymfalchïo ein bod wedi blaenori'r tir i fudiadau gwirfoddol lleol eraill gael parhau gyda'r trefniant o ddarparu meysydd parcio yn Eisteddfodau yr Urdd a'r Genedlaethol byth oddi ar hynny.

Cafwyd hen garafán yn swyddfa i ni ar y caeau parcio ym Mhentwyn. Apwyntiwyd y diweddar Rhys Tudur a Wyn Williams i fod yng ngofal y parcio, a chyflogwyd byddin o bobl ifanc i leoli'r ceir yn y gwahanol gaeau.

Ar ddiwedd yr wythnos, ro'dd yr heddlu'n hapus iawn â'n gwaith. Yn naturiol, tyfodd ein hyder yn ystod yr wythnos, a chefais y syniad y dylid parcio'r ceir ar y Sadwrn olaf ar ffurf bathodyn yr Urdd. Mawr fu syndod pawb a oedd yn berchen ar geir coch, gwyrdd, neu wyn o gael sylw mwy personol nag arfer wrth barcio. Cawsom gydweithrediad gwych gan bawb wrth i ni lwyddo i gwblhau'r dasg, a bu llawer o ddiddordeb gan y wasg ym mathodyn 'ceiraidd' yr Urdd.

Dw i'n siŵr bod y fenter wedi bod yn gyhoeddusrwydd da i'r mudiad, ond bu'n ariannol drychinebus. Ar ôl trafodaethau anodd a chymhleth gyda Phwyllgor Cyllid yr Eisteddfod i gael yr arian y gwyddem oedd yn ddyledus i ni, bu'n rhaid cyfaddawdu a derbyn elw o £950 ar ôl wythnos galed a phrysur iawn. Gwraidd y broblem oedd bod yr Eisteddfod wedi dosbarthu llawer mwy o docynnau 'parcio am ddim' nag a gytunwyd yn wreiddiol. Gobeithio bod y mudiadau gwirfoddol eraill a'n dilynodd yn y meysydd parcio wedi cael mwy o elw nag a gawsom ni.

Rhoddwyd y gorau i'r mentrau Eisteddfodol yn y diwedd. Y fenter nesaf oedd agor siop lyfrau Cymraeg yn y Ganolfan. Cynlluniodd David Clement siop hynod ddeniadol a phwrpasol, ac apwyntiwyd Emyr Huws Jones – 'Ems' – yn rheolwr ar siop Taflen. Fodd bynnag, ni fu'r gefnogaeth gan Gymry Cymraeg y ddinas yn ddigonol, a bu'n rhaid symud i ganol y ddinas am gyfnod, ond daeth yn amlwg nad oedd angen dwy siop lyfrau Cymraeg yn y ddinas ar y pryd gan fod Siop y Triban eisoes wedi hen ymsefydlu.

Y pleser mwyaf a gawn i yn y Ganolfan oedd galw mewn ar nos Wener i weld gweithgareddau'r Aelwyd. Ro'dd y lle bob amser yn orlawn o ieuenctid pumed a chweched dosbarth, yn Gymry iaith gyntaf ac ail iaith o ysgolion uwchradd y ddinas. Byddai ambell un, hyd yn oed yr adeg honno, yn galw yn nhafarn y Conwy am ddiod. Os oeddent o dan oed byddem yn trefnu iddynt adael yn eithaf sydyn. Un noson, fodd bynnag, pan welais ferch bymtheg oed yn cael diod yng nghwmni ei thad, a oedd yn weinidog yr efengyl, penderfynais adael y gwaith o dyrchu pobl dan-oed allan o'r dafarn i'w rhieni.

Yng Nghanolfan yr Urdd y cartrefwyd Prif Swyddfa Mudiad Ysgolion Meithrin am y tro cyntaf, a bu hyn yn sbardun i sefydlu ysgol feithrin Treganna yno. Oherwydd prysurdeb y ganolfan a thwf gweithgareddau'r Ganolfan, bu'n rhaid i'r cylch meithrin symud i gartref newydd.

Dim ond dau warden llawn-amser a fu yno erioed – Ian ap Dewi ac Alan Gwynant. Bu'r ddau yn cydweithio â'r pwyllgor rheoli yn ardderchog, gan lwyddo i redeg y ganolfan yn effeithiol iawn.

O'm rhan i daeth yn bryd i mi symud ymlaen, a bu fy olynydd,

Peredur Evans, yn Gadeirydd am flynyddoedd maith ar fy ôl, tan i'r Ganolfan symud i'w chartref newydd yng Nghanolfan y Mileniwm. Bu fy nghyfnod fel Cadeirydd y Ganolfan yn un hapus dros ben, a theimlaf ei bod wedi bod yn fraint ac yn anrhydedd cael cydweithio gyda chynifer o bobl arbennig iawn.

Yn 1974 ceisiais am swydd Ymgynghorydd Iaith ym Morgannwg Ganol, sir newydd a grëwyd o ganlyniad i ad-drefnu llywodraeth leol. Darlithwyr coleg neu brifathrawon graddedig fyddai'n cael eu hapwyntio i'r swyddi ymgynghorol yma fel rheol. Wn i ddim pam, felly, y ceisiais am y swydd o gwbl, a minnau ond yn berchen ar dystysgrif athro. Cefais sioc o gael gwahoddiad i fynychu cyfweliad. Ni feddyliais y byddai gen i obaith caneri i gael y fath swydd. Ond do'dd gen i ddim i'w golli, ac fe wnes gyfweliad digon hyderus, gan sôn am y blaenoriaethau fyddai gennyf pe cawn y swydd. Diolchais i'r panel, a gadael yr ystafell yn ddigon bodlon nad oeddwn wedi gwneud ffŵl o fy hun.

Pan alwyd fi 'nôl gan Russell Sheppard, Prif Ymgynghorydd y sir, fe'm synnwyd pan gynigiodd y swydd i mi. Diolchais i bawb, er nad oeddwn wedi llyncu geiriau Russell Sheppard yn iawn. Rhedais allan o Neuadd y Sir, a dal bws adref, lle ro'dd Tegwen yn aros amdanaf.

'Ges i'r swydd!' meddwn. Dw i ddim yn meddwl ei bod yn disgwyl y fath newyddion syfrdanol.

Yn hwyrach y p'nawn hwnnw, ro'dd hi am fynd allan i siopa, ond do'dd y car ddim yna. 'Ble wyt ti wedi gadael y car?' gofynnodd. Sylweddolais fy mod wedi mynd i'r cyfweliad yn y car, a dod adref ar y bws!

Ro'dd fy swydd newydd yn cychwyn ym mis Medi, a'm cyflog yn dyblu o £2,100 i £4,200 y flwyddyn. Derbyniais lawer o ddymuniadau da a llongyfarchiadau oddi wrth ffrindiau a chyd-weithiwyr. Dw i'n trysori'r cerdyn a gefais oddi wrth Richard Evans yn ieithwedd Thomas Hardy.

Treuliais fy haf yn pendroni ynglŷn â beth fyddai'n fy aros ym mis Medi. Byddwn yn cydweithio â hen ffrind, sef Maxwell Evans, a oedd yn Uwch Ymgynghorydd y Gymraeg yn y sir – o leiaf byddai gennyf un person i droi ato mewn argyfwng.

MORGANNWG GANOL

YM MIS MEDI 1974 cychwynnais ar fy nhaith hynod ddiddorol ond anodd ym Morgannwg Ganol. Cefais fy lleoli yn Swyddfa Ranbarthol Tâf Elai gan rannu swyddfa gyda'r Ymgynghorydd Saesneg, y diweddar Selwyn Davies, a oedd hefyd yn cychwyn ar swydd newydd. Rhaid cyfaddef taw teimladau digon cymysg oedd gen i wrth boeni a fyddwn byth yn gwneud cyfiawnder â'r swydd newydd.

Rhannwyd Morgannwg Ganol yn chwe rhanbarth: Tâf Elai, Cwm Rhondda, Cwm Cynon, Merthyr Tudful, Cwm Rhymni, ac Ogwr. Ro'dd dros dri chant o ysgolion cynradd a dwy a deugain o ysgolion uwchradd o dan ein gofal. Sylweddolais yn fuan iawn taw tasg amhosibl fyddai ceisio cael dylanwad arhosol ar bob ysgol. Problem ychwanegol yn y sir oedd dod o hyd i'r ysgolion yn y lle cyntaf. Oherwydd natur gyfyng y cymoedd a diffyg tir gwastad, ro'dd y mwyafrif o'r ysgolion wedi eu lleoli ar ochr y bryniau y tu ôl i'r tai annedd. Cawsom fapiau a oedd i fod i ddangos lleoliad pob ysgol ond, a dweud y gwir, roeddent mor sylfaenol fel mai o ychydig gymorth oeddent. Llwyddais i wneud un peth, fodd bynnag, na lwyddodd llawer o'r ymgynghorwyr eraill i wneud, sef talu o leiaf un ymweliad â phob ysgol.

Ar ôl cyfarfod gyda Max, yr Uwch Ymgynghorydd, penderfynwyd rhannu'r gwaith rhyngom fel a ganlyn: fy nyletswydd i fyddai canolbwyntio ar y Gymraeg fel ail iaith yn y sector gynradd. Byddai gen i hefyd ofal bugeiliol dros dair ysgol gyfun, sef Bryncelynog, Rhydfelen a Llanhari. Byddai Max a minnau'n rhannu cyfrifoldebau datblygu Cymraeg i oedolion. Roeddwn yn bur hapus gyda rhaniad y gwaith oherwydd, wedi'r cyfan, Cymraeg ail-iaith cynradd oedd fy arbenigedd. Ro'dd yn broblem, fodd bynnag, bod gen i dros dri chant o ysgolion, a bod gan Max ddim ond dwy a deugain.

Do'dd neb wedi rhoi disgrifiad i mi o'm cyfrifoldebau bugeiliol, a fues i erioed yn sicr bod gan y prifathrawon chwaith y syniad lleiaf beth oedd rôl y bugail. Ro'dd gan Llanhari a Rhydfelen brifathrawon galluog, a chanddynt weledigaeth glir o anghenion ysgol Gymraeg – go brin eu bod yn teimlo bod angen rhyw fugail dibrofiad fel fi arnynt. Disgwyliai'r awdurdod i'r swyddogion bugeiliol adnabod yr athrawon, ac yn ffodus ro'n i'n adnabod llawer o staff Llanhari a Rhydfelen. Ro'dd ysgol Bryncelynog, ar y llaw arall, yn ysgol wahanol iawn, a hithau ar ddau safle gryn bellter oddi wrth ei gilydd a chanddi broblemau gwahanol i'r ddwy ysgol Gymraeg. Do'dd dim llawer o gariad brawdol rhwng prifathro'r ysgol uchaf a'r dirprwy, oedd yn bennaeth yr ysgol isaf. Mae'n rhaid i mi ddweud fy mod wedi mwynhau y rôl hon, gan y byddai Mr Hill, pennaeth yr ysgol isaf, yn troi ataf yn aml i drafod problemau staffio ac yn y blaen.

Ro'dd gweithio yn y sector ail-iaith cynradd yn waith anodd a chymhleth – yn wleidyddol-anodd ar brydiau. Amhosibl fyddai i unrhyw ymgynghorydd wynebu sialens galetach yn 1974 achos, a dweud y gwir, ro'dd y safon yn gyffredinol echrydus. Y rhan fwyaf o'r amser, byddwn yn ceisio ymweld â rhyw bedair ysgol y dydd, a dyma oedd fy nghwestiwn cyntaf bob tro – 'Ydy'r Gymraeg yn cael ei dysgu yma?' Ro'dd yr atebion yn aml yn warthus. Dyma'r rhai mwyaf poblogaidd:

'Our children don't speak English properly, so we don't teach Welsh.'

'The parents don't want us to teach Welsh.'

'We've lost our only Welsh-speaker to another school.'

'The children hate the subject.'

'If they want to speak Welsh they can go to the Welsh school down the road.'

'We say *bore da* and *nos da* to them every day, and sing Welsh songs on Saint David's day.'

Mewn nifer o ysgolion, byddai'r prifathro'n dweud, 'Oh yes, we compete in Urdd Eisteddfoddau – come and listen to Mrs Jones's class – they came first in Eisteddfod Gylch last year.' Ac am y munudau nesaf cawn fy llusgo i wrando ar blant annwyl iawn yn llafarganu rhyw adroddiad digon diflas. Pan ofynnwn, 'Now tell me, what does all that mean?' ni dderbyniwn ateb, ond edrychai'r plant yn syn arnaf am ofyn y fath gwestiwn twp.

Mewn tair ysgol wahanol yn y Rhondda ar yr un diwrnod, dywedodd y prifathrawon wrthyf nad oedd neb ar y staff yn gallu dysgu Cymraeg, ond pan ofynnais yr un cwestiwn i nifer o'r athrawon, dywedsant eu bod yn dysgu'r iaith yn rheolaidd ac yn ddigon effeithiol. Wrth gwrs, does dim rhaid i brifathro wybod beth mae ei athrawon yn ei ddysgu y tu ôl i ddrysau caeedig yr ystafell ddosbarth!

Cawn groeso da iawn yn y mwyafrif o'r ysgolion ond hir y cofiaf am un prifathro'n gweiddi'n groch arnaf, 'So we have to ram Welsh down their throats now, do we?' Eglurais iddo taw polisi swyddogol Morgannwg Ganol oedd gwers Gymraeg y dydd i bob plentyn yn yr adran iau. Gofynnais iddo hefyd a oedd gydag e reswm addysgiadol dros beidio dysgu'r iaith. Eglurodd fod un o Arolygwyr Ei Mawrhydi wedi dod i'w ysgol unwaith i drafod Cymraeg, safonau a staffio. Gofynnodd yr arolygwraig i bob un o'r staff a oeddent yn siarad Cymraeg. Pan ddaeth hi ato ef, atebodd, 'I don't speak the language, but I understand it.'

'Just like my dog,' oedd ymateb 'diplomatig' yr arolygwraig. Penderfynodd y gŵr na fyddai byth wedyn yn dysgu Cymraeg ar ôl y gymhariaeth rhyngddo a'r ci. Do'dd gan yr arolygwraig yr un hawl i fychanu unrhyw athro fel hyn.

Cydymdeimlais â'r gŵr gan geisio ei berswadio i roi cynnig arall arni, os bu'n creu diddordeb yn y Gymraeg yn y gorffennol. Cytunodd ar unwaith, ac fe wnaeth waith arbennig iawn gan ei fod yn athro da ac yn cyfathrebu'n hwyliog gyda'i blant.

Yr adeg hon ro'dd gennym yr hawl i ryddhau deg o athrawon o'u hysgolion am flwyddyn i astudio Cymraeg yn y coleg yn y Barri o dan ofal medrus Basil Davies a Cennard Davies. Wrth gwrs byddai Basil a Cennard yn dysgu llawer mwy na'r iaith iddynt, gan eu gwneud yn Gymry da. Dewiswyd pob un o'r athrawon hyn yn ofalus ar sail yr hyn yr oeddent eisoes wedi ei gyflawni fel dysgwyr yn y gwahanol ysgolion. Ar ddiwedd y cwrs, byddent yn gyfrifol am ddatblygu Cymraeg ar draws yr ysgol.

Fy nhîm athrawon bro ym Morgannwg Ganol. O'r chwith yn y cefn:
Robert Thomas, Nia Williams, Colin Williams (swyddog oedolion),
Gareth Williams, Delyth Pollard, Liz Williams. Rhes flaen, o'r chwith:
Janet Williams, Aldyth Cole, Sian Clark, fi, Ann Evans a Paula Jones
(cynorthwy-ydd y tîm).

Tomi'r clown, sef Gaynor Walter Jones, gyda'i 'athrawes',
Nia Williams, yn y fideo ail-iaith.

Fel cadeirydd ymgynghorwyr Cymraeg yn lansio cynllun Hyfforddiant Mewn Swydd cenedlaethol. Yn cyflwyno roedd Mr Wyn Roberts, Gweinidog yn y Swyddfa Gymreig.

Agor Tŷ y Faner yn Nant Gwrtheyrn – Carl Clowes, Emyr Price,
fi ac Alan Wyn Jones.

Sgwrsio gyda'r Esgob Cledan Mears
diwrnod agor Glyn Rhosyn yn y Nant.

Agor Porth y wawr, tŷ i'r anabl a noddwyd gan Merched y Wawr,
yng nghwmni llywydd y mudiad, y diweddar Eirlys Davies.

Yn ymlacio gyda'r cangarŵ a mab bach Stephen Knight,
athro Saesneg Prifysgol Sydney ac yn wreiddiol o Gaerffili.

Cwrs Cymraeg i oedolion yn Awstralia. Yng nghanol y rhes flaen
mae'r trefnydd Horatio Rees (gynt o'r Tymbl).

Noson fy mharti ymddeol o Morgannwg Ganol
yng nghwmni fy athrawon bro.

Creu bathodyn yr Urdd gyda'r ceir,
Eisteddfod Genedlaethol Caerdydd, 1978.

Uwchben y man lle lladdwyd Llwyd ap Iwan ym Mhatagonia.
Gyda ni mae ein ffrindiau Keith ac Eira Phillips, Caerfyrddin.

Yng nghwmni Eiry Miles yn ei chartref dros dro ym Mhatagonia.

Siarad gyda'r Gaucho Cymraeg ym Mhatagonia.

Ro'dd hwn yn gwrs gwych ond, yn anffodus braidd, yn ddrud i sir dlawd fel Morgannwg Ganol i'w ariannu.

Trefnais i gael cyfarfodydd staff mewn nifer fawr o ysgolion, gan geisio amlinellu cynllun gwahanol i bob ysgol yn ôl dymuniadau a gallu'r athrawon. Ailwampiwyd yr hen gwrs Llafar a Llun a'i ailenwi'n Cymraeg i Blant – roedd bellach yn addas iawn i athrawon oedd yn ddysgwyr eu hunain. Ar y cyfan, cefais ymateb digon positif yn y mwyafrif o'r ysgolion, ond cofiaf un diwrnod i un athro hŷn gyhoeddi'n groch na fyddai'n ystyried dysgu Cymraeg gan ei fod yn dysgu'r plant gwaetha a'r lleiaf galluog yn yr ysgol. Atebais ef yn dawel gan ddweud, 'Paid poeni, dw i ddim am i ti ddysgu Cymraeg – mae'n amlwg na fyddet byth yn llwyddo!' Edrychodd arnaf yn syn ac, er syndod mawr i mi, cyhoeddodd mai os dyna fy nymuniad, fe geisiai wneud tipyn bach. Gadewais yr ysgol yn weddol hapus, ond gan lawn sylweddoli fod hon yn un o sawl ysgol lle nad oedd y cwricwlwm addysg yn cael blaenoriaeth gan y pennaeth. Byddwn yn trefnu llawer o gyrsiau, ac mae'n rhaid dweud bod yr ymateb bob amser yn frwd. Dw i'n hoffi meddwl fy mod wedi bod mor bragmataidd â phosibl gan ystyried sefyllfaoedd amrywiol y gwahanol ysgolion.

Cafodd Cymraeg ail-iaith cynradd statws newydd ac uchel-geisiol, ond hollol anymarferol, o ganlyniad i wneud y pwnc yn orfodol i'r oedrannau pump i un ar bymtheg oed. Erbyn hyn, roeddwn wedi cael fy newis yn gadeirydd ar Ymgynghorwyr Cymraeg Cymru gyfan, yn ogystal â bod yn gadeirydd pwyllgor llywio hyfforddiant mewn swydd y cwricwlwm newydd.

Y cam cyntaf oedd mynd i'r Swyddfa Gymreig a chyhoeddi'n glir a phendant bod yn rhaid cael byddin o athrawon ymgynghorol i fod yn gefn i'r ysgolion wrth ymlafnio i ymateb i ofynion y cwricwlwm newydd. Ar ôl hir drafod, sefydlwyd y Grant Penodol a oedd yn rhoi cyllid sylweddol i bob sir yng Nghymru i apwyntio athrawon arbenigol i helpu'r ysgolion. Tua dwy filiwn y flwyddyn oedd cyllid Morgannwg Ganol, ac ro'dd hyn yn ein galluogi i gyflogi deg o athrawon bro profiadol ac ymroddgar. Yn ogystal, darparwyd cyllid digonol i baratoi deunyddiau dysgu newydd pwrpasol a diddorol. Bûm yn ffodus iawn i gael tîm arbennig, gyda chydbwysedd da rhwng y cynradd a'r uwchradd. Ar ôl yr apwyntiadau, sylweddolwyd yn fuan iawn bod angen paratoi adnoddau dysgu newydd, lliwgar a fyddai'n apelio at athrawon a oedd yn ddysgwyr eu hunain. Dyma roi genedigaeth i'r cymeriad Tomi. Clown oedd Tomi, a oedd yn cael gwersi Cymraeg gan athrawes fro, Nia Williams. Athrawes fabanod, Gaynor Walter Jones, oedd yn actio rhan Tomi. Gwnaed fideo o Nia a Tomi a dosbarthwyd y cwrs i bob ysgol babanod a chynradd yn y sir. Yn ogystal, paratowyd nodiadau yn egluro'r cynnwys ieithyddol ynghyd â rhestr o weithgareddau ieithyddol atodol i gefnogi'r dysgu. Mewn aml i achos, disgwylid i athro ddysgu'r iaith gyda'r plant. Anelwyd Tomi at blant pump i saith oed ac fe ddaeth yn arwr i gannoedd o ddisgyblion. Rhyw ddwy flynedd yn ôl mewn siop yng Nghaerdydd, daeth dyn at Gaynor gan ddweud, 'You're Tomi, aren't you?' Ro'dd hyn tua phum mlynedd ar hugain ar ôl iddo gyfarfod â Tomi am y tro cyntaf!

Aed ati hefyd i baratoi cwrs i'r adrannau iau yn seiliedig ar y synhwyrau, a'r tro yma rhoddwyd pwyslais ar ddarparu llyfr gwaith i bob plentyn.

Yn sicr, uchafbwynt paratoi deunyddiau oedd y cynllun Bobol Bach. Ro'dd hwn yn gynllun ar gyfer plant deg i un ar ddeg oed, gyda fideo llawn hiwmor yn cyflwyno nifer o sefyllfaoedd dramatig. Arweinydd a phrif gynllunydd y cwrs hwn oedd Robert Thomas, a weithiodd yn hollol ddiflino. Bu paratoi'r cwrs yn gostus, ond profodd yn fuddsoddiad da i'r awdurdod addysg gan iddo gael ei werthu i nifer o ysgolion eraill ar draws Cymru. Mae'n rhaid fod Bobol Bach wedi gwneud elw mawr i'r awdurdod lleol, gan fod cadeirydd y cyngor sir wedi trefnu lansiad swyddogol ar ei gyfer. Anarferol iawn, wrth gwrs, oedd cael lansiad swyddogol i ddeunyddiau Cymraeg ac yn arbennig rai misoedd ar ôl i'r cwrs weiddio a chael ei ddysgu mewn cynifer o ysgolion dros y wlad. Ond dyna ni, ro'dd Morgannwg Ganol yn enwog am wneud pethau'n wahanol!

Ro'n i wedi ymddeol o Forgannwg Ganol erbyn dyddiad y lansiad ond, chwarae teg, fe ges wahoddiad i'r achlysur. Hir y cofiaf eiriau dethol caredig y cadeirydd: 'It's nice to see that Maxwell Evans . . .' (ro'dd yn cyfeirio ata i!) '. . . is with us this evening to launch "Pobol y Cwm"!' Ro'dd Max wedi'n gadael sawl blwyddyn cyn hynny, a theimlais nad oedd camgymryd Bobol Bach am 'Pobol y Cwm' yn fawr o deyrnged i'r tîm athrawon bro a oedd wedi llafurio mor galed ar y prosiect!

Penillion gan yr Athrawon Bro

We taught the Welsh on the floor of the class
From nine in the morning 'til four,
Grilling and drilling and coaxing the kids
'Til we just couldn't take any more!

Mind you, this Welsh, I must admit
Is rather quaint and funny;
The bell it 'sings', the sun it 'smiles',
The weather – 'she is sunny'!

We taught them how to 'mynd am dro'
And how to 'chwarae hoci'
To 'dawnsio disgo', 'tynnu llun'
And 'canu carioci'.

Old John was right – we changed the world,
And when all is said and done
When times were bad, we just worked hard
And we had loads of fun!

We've taught the children all we know,
We've laughed and had a giggle;
At first they only had a 'crap'
By now they're almost 'rhugl'.

Bûm yn ffodus iawn i allu gweithio gyda chynifer o gyfarwyddwyr addysg a fu'n gefnogol i'r hyn roeddwn yn ceisio ei wneud yn y sir. Ar ôl ymddeoliad Maxwell Evans, galwyd fi i'r swyddfa un dydd gan y Cyfarwyddwr, Aylwyn Jones, er mwyn iddo ddweud nad oedd am apwyntio unrhyw un yn lle Max. Ro'dd hyn yn dipyn o sioc i mi, ac ro'dd sylw pellach Mr Jones yn ergyd go iawn.

'Rydych chi'n mynd i fod yn hapus nawr, siŵr o fod,' meddai.

'Dw i wedi bod yn hapus yn y sir yma erioed, Mr Jones,' atebais.

Gwenodd y cyfarwyddwr, gan ddymuno'n dda iawn i mi wrth wynebu fy nghyfrifoldebau ychwanegol.

Bu cydweithio da rhwng Max a minnau, yn enwedig ym maes Cymraeg i oedolion. Dyma fu oes aur cyrsiau penwythnos Tŷ Dyffryn. Max fu'n gyfrifol bob amser am y penwythnos, a fyddai'n cychwyn nos Wener ac yn gorffen ar ôl cinio dydd Sul. Weithiau byddai gyda ni dros gant o ddysgwyr ac roeddem yn hynod ffodus i gael criw arddrechog o diwtoriaid arbennig. Byddem bob amser yn cael yr un criw o athrawon, a oedd wedi profi eu bod yn boblogaidd iawn gan y dysgwyr. Pobl fel y diweddar Grev James, Eric Evans, Wil Morus Jones, Randall Isaac a'r anfarwol ddiweddar Gomer Williams.

Cofiaf yn iawn un haf i mi redeg cwrs wythnos yng Ngholeg y Barri. Ro'dd deugain o ddysgwyr yna, a Gomer yn un o'r tiwtoriaid. Ar y dydd Gwener galwodd John Brace, y Cyfarwyddwr Addysg, i weld beth oedd yn digwydd. Roeddem wedi ymgynnull i ganu caneuon gwerin i orffen yr wythnos. Ar ôl i ni ganu 'Ar Lan y Môr', gofynnodd Mrs Brown, un o'r dysgwyr, a allen ni ganu'r gân unwaith eto, er mwyn iddi allu recordio'r datganiad i'w anfon at ei merch, a oedd yn byw yn Taiwan. Dywedodd Gomer ei fod wedi byw yn Taiwan, a'i fod yn rhugl mewn Taiwaneg, ac mai mater syml iawn iddo ef fyddai canu 'Ar Lan y Môr' yn yr iaith honno. Ro'dd Mrs Brown druan mor falch, a dyma fe'n canu fersiwn nas clywyd erioed o'r blaen – na byth wedyn – o'r gân, a Mrs Brown yn recordio'r rwtsh rhyfedda! Pan ddaeth at y llinell 'ambell sbrigyn o rosmari', cyhoeddodd Gomer yn hyderus, 'Due to the different climate in Taiwan, *rosmari* does not grow there – so there is no Thai word for *rosmari*, so we sing "ac wing wong sang o rosmari" for "ambell sbrigyn o rosmari"!' Sut y cadwodd pawb wyneb syth, wn i ddim, a Mrs Brown mor ddiolchgar am gael recordiad hollol unigryw!

Ar y ffordd allan o'r neuadd trodd John Brace ataf a gofyn, 'Ble ddiawl gest ti afael yn y tiwtor yna?'

'Mr Brace,' atebais, 'mae yna dalent aruthrol yn ysgolion Morgannwg Ganol!'

Gallwn ysgrifennu llyfr am branciau Gomer yn Nhŷ Dyffryn, neu Maxwell House fel y'i gelwid gan y mwyafrif o'r dysgwyr. Byddai Max wrth ei fodd ar nos Sadwrn yn arwain y canu yn y bar gan dynnu yn galed ar ei sigârs wyth modfedd o hyd ac, wrth gwrs yn rhaffu un jôc ar ôl y llall. Wedi i'r bar gau am un ar ddeg, arferai pawb ymgynnull yn y neuadd i gynnal Noson Lawen a fyddai'n para tan tua dau y bore. Disgwylid i bob dosbarth baratoi eitem, ac ro'dd y safon yn amrywio o'r cyffredin iawn i'r uffernol yn aml! Fodd bynnag, ro'dd y cyfan yn hwyl ac yn adlewyrchiad o'r bwrlwm yng ngweithgareddau'r dysgwyr yn y cyfnod hwnnw.

Ro'dd Tŷ Dyffryn ar agor trwy'r flwyddyn ac yn cynnig cyrsiau wythnos a rhai hirach i athrawon y tair sir Morgannwg. Byddai'r holl gwricwlwm yn cael sylw, ac ro'dd y cyrsiau'n ganolog i ddatblygiad proffesiynol cannoedd o athrawon. Trist yw gweld y tŷ bellach dan glo.

ADDYSG GYMRAEG

ER EIN BOD yn ymfalchïo yn nhwf addysg gynradd trwy
gyfrwng y Gymraeg yn ail hanner yr ugeinfed ganrif, hawdd
yw anghofio am y gwaith arloesol a gyflawnwyd gan John
Phillips, prifathro ysgol Cilfynydd, yn y 1930au. Ro'dd deugain
o'i ddisgyblion yn Gymry Cymraeg, a phenderfynodd ddysgu
Ysgrythur, Cerddoriaeth, Hanes Cymru, Daearyddiaeth, a Natur
drwy gyfrwng y Gymraeg. Cafodd ganlyniadau da, ond ro'dd
nifer o aelodau'r Blaid Lafur yn wrthwynebus, gan ddweud y
dylid anghofio Cymraeg a chanolbwyntio ar ddysgu iaith
ryngwladol – sef Saesneg. Yn anffodus, pan ymddeolodd Mr
Phillips yn 1936, daeth ei gynllun i ben, a dw i'n siŵr i hyn fod
yn rhyddhad mawr i'r awdurdod lleol. Do'dd dim llawer wedi
newid erbyn i mi ymuno â'r awdurdod yn 1974. Yn wir, clywais
un Cynghorydd Sir yn datgan mewn cyfarfod cyhoeddus bod
pregethu daliadau a pholisïau Plaid Cymru yn llawer pwysicach
mewn un ysgol arbennig ym Mhontypridd na dysgu Mathemateg
a Gwyddoniaeth!

Bu ymroddiad a dyfalbarhad rhieni a oedd am ddatblygu
addysg trwy gyfrwng y Gymraeg yn y 1970au a'r 1980au yn
allweddol iawn. Yn 1974 dim ond 2,331 o blant oedd yn ysgolion
cyfrwng Cymraeg cynradd Morgannwg Ganol, a dim ond 833 yn
yr unig ysgol gyfun Cymraeg, sef Rhydfelen. Dw i ddim am
ymhelaethu'n fanwl ar y twf o 1974 tan heddiw gan fod hyn wedi
cael ei gofnodi'n fanwl iawn gan bobl eraill. Pan oedd John Brace
yn Gyfarwyddwr Addysg, dywedodd mai'r ffordd i sicrhau twf
mewn addysg Gymraeg oedd trwy sefydlu uned Gymraeg ymhob
ysgol gynradd yn y sir. Yn anffodus, ro'dd awgrymu hyn wrth
gymdeithasau rhieni yn sail da i ryfel cartref addysgol! Cred y
rhieni a oedd yn brwydro am ysgol Gymraeg, yn hytrach nag
uned Gymraeg mewn ysgol Saesneg, oedd y byddai'n amhosibl

sicrhau awyrgylch gwbl Gymraeg a Chymreig yng nghanol môr o Seisnigrwydd.

Wrth gwrs, sefydlwyd nifer o unedau Cymraeg yn y diwedd, a buont yn addysgiadol lwyddiannus. Sefydlodd John Rees uned Gymraeg yn Heol-y-Celyn ar sail llwyddiant yr ysgol yn dysgu Cymraeg fel ail iaith. Bu'r sir yn ffodus iawn dros y blynyddoedd; cafodd gyflenwad o athrawon a phrifathrawon oedd yn fwy na pharod i gerdded yr ail filltir, gan sicrhau bod cenedlaethau o blant yn gadael yr ysgolion yn medru Cymraeg ac yn troi i fod yn Gymry da.

Yn nyddiau cynnar datblygu addysg cyfrwng Cymraeg cynradd, dim ond plant a oedd yn dod o gartrefi lle siaredid y Gymraeg fyddai'n cael eu derbyn. Bellach, mewn siroedd fel Morgannwg Ganol, mae dros naw deg y cant o'r plant yn dod o gartrefi lle na chlywir y Gymraeg o gwbl. Mae arna i ofn weithiau nad yw'r ysgolion yn sicrhau bod strwythurau a chystrawenau'r iaith yn gwreiddio ym meddyliau'r plant erbyn eu bod yn gadael y sector gynradd. Oni ddylid gwneud yn siŵr bod plant sy'n dod o gartrefi Saesneg, neu o gartrefi lle na siaredir y Gymraeg, yn cael eu trin fel plant ail-iaith am gyfnodau hir er mwyn sicrhau eu bod yn deall yr iaith yn iawn? Fe glywn yn aml taw dim ond *boddi*'r plant yn yr iaith Gymraeg sydd eisiau er mwyn iddynt ddod yn rhugl. Efallai bod 'boddi' yn ddisgrifiad cywir iawn, ac mai rhyw hanner-gafael a gaiff y disgyblion ar yr iaith. Tybed a oes llawer o'r plant, erbyn gorffen eu haddysg trwy gyfrwng y Gymraeg, bellach yn casáu'r iaith ac yn bodloni ar fratiaith hanner Cymraeg a Saesneg? 'Ie, tybed a oes rhy gormod o blant rhai weithiau fi'n meddwl yn ysgol Cymraeg dim yn lico teachers yn ramo Welsh lawr throats ni!'

Byddwn bob amser yn ymfalchïo yn y nifer o blant sy wedi dewis addysg Gymraeg. Mae'r ffigurau hyn yn destun dathlu, wrth gwrs, ond mae'r amser wedi dod i ni ganolbwyntio ar safonau yn hytrach nag ar niferoedd.

Ar ôl ymddeoliad Maxwell Evans, fi oedd yr unig Ymgynghorydd Cymraeg yn y sir, a rhoddais bwyslais ar y pontio o'r sector gynradd i'r uwchradd. Trefnwyd cyfarfodydd tymhorol i brifathrawon, a chafwyd trafodaethau brwd iawn ar bob agwedd o'r cwricwlwm cenedlaethol. Cefais fy synnu lawer gwaith o glywed bod disgwyliadau'r sector uwchradd o ran safonau'r plant wrth iddynt drosglwyddo o'r cynradd yn llawer is na thargedau prifathrawon cynradd. Mewn Mathemateg, er enghraifft, byddai athro cynradd yn flin o glywed pennaeth uwchradd yn dweud, 'Cyn belled â'u bod nhw'n hyddysg yn y tablau, rydym ni'n hapus iawn'.

Yn y 1970au, ro'dd darpariaeth y sir ar gyfer disgyblion cyfrwng Cymraeg ag anghenion arbennig yn drychinebus. Gwelais athrawon profiadol brwd yn dysgu o dan amgylchiadau truenus – allan yn y coridorau, mewn corneli o'r neuadd; yn wir, yn ysgol Ifor Bach, cofiaf ddod ar draws athrawes yn gweithio mewn rhywbeth oedd fawr mwy na chwpwrdd! Pan ystyrid hyfforddiant mewn swydd, a hynny drwy gyfrwng y Gymraeg, do'dd y ddarpariaeth i bob pwrpas ddim yn bod i gefnogi'r athrawon. Cefais drafodaeth fuddiol iawn gydag Adran Gymraeg y Cyd-bwyllgor Addysg ynglŷn â hyn, a chefais gefnogaeth yn syth i sefydlu panel o arbenigwyr cenedlaethol er mwyn ystyried yr anghenion a phenderfynu ar ein blaenoriaethau. Trefnwyd cynhadledd genedlaethol yn Llandrindod, a daethpwyd i'r casgliad bod angen cynhadledd flynyddol i athrawon gael cymharu nodiadau a syniadau am ddeunydd dysgu pwrpasol. Cefais fy synnu gan frwdfrydedd yr athrawon yma; rhaid cyfaddef eu bod wedi bod yn werthfawrogol iawn o'r trefniant blynyddol. Mae'n debyg bod y trefniant yn dal mewn grym heddiw.

Bob tymor ysgol, byddwn yn trefnu cyrsiau preswyl i ddisgyblion iaith-gyntaf ac ail-iaith yn ein Canolfan Addysg Awyr Agored yn Ogwr. Ro'dd lle yno i gant a hanner o blant a phymtheg o athrawon ddod at ei gilydd yn hapus iawn, a chynigid amrywiol brofiadau i'r plant. Ceisiais seilio'r cyrsiau hyn ar y rhai a fynychais innau yng ngwersyll yr Urdd yn Llangrannog, a mawr oedd mwynhad y disgyblion o'u pump diwrnod yn y gwersyll moethus. Mae tlodi mawr yn y sir, ac mae cyfnod o gymdeithasu a hwyl fel hyn yn beth pwysig iawn i gannoedd o ddisgyblion, sydd byth yn cael unrhyw fath o wyliau.

Cofiaf un bore fod disgybl o Ysgol Penrhys yn y Rhondda yn absennol o'r gwasanaeth bore. Es i'w ystafell gyda'i athro. Yno, yn dal yn ei wely yn ei ddillad bob dydd, yr oedd y bachgen annwyl. Ro'dd yn gorwedd gyda'r garthen lwyd nesa at ei gorff, a'r gynfasen wen lân ar ben y cyfan. Gofynnodd ei athro iddo pam nad oedd y gynfasen wen nesa at ei gorff.

'Ro'n i eisiau ei chadw'n lân,' atebodd y bachgen. Do'dd y creadur erioed wedi bod yn berchen ar ddillad nos, nac erioed wedi gweld cynfasen wen. Dyna enghraifft o rywbeth oedd yn gyffredin iawn i laweroedd o blant y sir.

Yn ogystal â sicrhau wythnos o hwyl i'r plant a threfnu gwersi iaith dyddiol iddynt, byddai'r athrawon hefyd yn gwerthfawrogi'r cyfle i drafod eu hysgolion, a byddai'r seiadu yn aml yn parhau tan oriau mân y bore.

Ro'dd yna ysbryd ardderchog yn bodoli yn ein hysgolion a'n hunedau Cymraeg, a phob ysgol yn credu bod ganddynt gyfraniad arbennig i wneud tuag at sicrhau dyfodol y Gymraeg. Mewn aml i achos, sefydlwyd ysgolion newydd o ganlyniad i ddyfalbarhad a phenderfyniad cymdeithasau rhieni wrth iddynt ymladd yn erbyn sefydlu unedau Cymraeg. Hir y cofiaf am y frwydr i sefydlu ysgol Gymraeg newydd yng Nghwm Rhymni – bernid bod angen ysgol newydd oherwydd bod Ysgol Gilfach Fargoed yn orlawn. Ateb yr awdurdod i'r broblem oedd agor uned Gymraeg yn Ysgol Gynradd Tir-y-Berth. Ro'dd yr ysgol hon mewn cyflwr ardderchog, gyda digonedd o le, a phrifathro a oedd yn barod iawn i groesawu uned Gymraeg. Ar ôl brwydr hirfaith gyda'r sir, aeth Cymdeithas Rhieni dros Addysg Gymraeg â'r awdurdod i'r Uchel Lys, a thros gyfnod o dair wythnos bu'r Dirprwy Gyfarwyddwr Addysg a minnau'n cyflwyno ein hachos dros wrthod derbyn rhagor o blant yn Gilfach Fargoed. Ennill o blaid yr awdurdod a wnaed yn y diwedd, a sefydlwyd uned Gymraeg Tir-y-Berth. Apwyntiwyd un o athrawon ysgol Gilfach Fargoed i'r uned. Fel mater o ffaith, ro'dd hi'n un o athrawon mwyaf profiadol y sir ac mi fyddai'n sicr o redeg uned Gymraeg lwyddiannus.

Ond do'dd dim gobaith y byddai'r rhieni yn anfon eu plant i'r uned, a pharhaodd y frwydr. Meddiannodd y rhieni un o ystafelloedd Ysgol Gilfach, a chreu anhrefn yno. Bu'r uned yn Nhir-y-Berth yn aros am bron i flwyddyn heb blant, a'r athrawes yno bob dydd yn mawr obeithio gweld plant yn dod drwy'r drws. Dal i ymladd wnaeth y rhieni tan i'r awdurdod benderfynu gosod gorchymyn llys arnynt i adael yr ystafell ddosbarth yn y Gilfach. Ar ôl cyfarfod hir yn Neuadd y Sir, rhoddwyd i mi'r gwaith o fynd i'r ysgol un nos Wener, a gosod posteri ar y drysau yn rhoi gorchymyn i'r rhieni adael yr ysgol. Roeddwn yn bur bryderus wrth ymgymryd â'r gwaith hwn, ac wrth i mi osod y gorchymyn ar ddrws, dyma un o'r rhieni (yr oeddwn yn ei hofni, a dweud y gwir) yn agor y drws, a gweiddi, 'Do you want a cup of tea? We 'ates your guts, but we'll give you a cup of tea!' Afraid dweud na wneuthum ymateb yn gadarnhaol i'r fath gynnig hael, ac adref â mi cyn gynted â phosibl.

Un diwrnod, beth bynnag, ar ôl bron i flwyddyn, fe ddechreuodd un disgybl yn Nhir-y-Berth ac, wedi hynny, sylweddolodd y rhieni nad oedd dim amdani bellach ond anfon eu plant i'r uned. Ond dim ond am ychydig y bu'r uned ar agor cyn i Ysgol Isaf Ysgol Merched Ystrad Mynach ddod yn wag, ac felly sefydlwyd ysgol Gymraeg newydd arall yng Nghwm Rhymni, sef Ysgol Bro Allta.

Cafwyd brwydr arall – a barodd am wythnosau – i sefydlu uned Gymraeg yn ardal Pontypridd. Trefnwyd wythnos o gyfarfodydd mewn gwahanol bentrefi yn yr ardal, a phob un yn gorffen mewn anhrefn, gan nad oedd y rhieni'n barod i dderbyn unedau ar unrhyw delerau. Cyrhaeddodd y trafodaethau eu huchafbwynt yn ysgol Gyfun Coed-y-lan. Ro'dd cannoedd yn bresennol, a'r Cynghorydd W I Williams ('Willie Wheels') yn cadeirio'r cyfarfod. Ro'dd hi'n amlwg o'r cychwyn nad oedd pethau'n mynd i fod yn gyfeillgar iawn: ro'dd y cadeirydd yn adnabyddus am ei wrthwynebiad llwyr i ddatblygu addysg Gymraeg ym Mhontypridd. Gofynnwyd cwestiwn neu ddau o'r llawr, a do'dd atebion y cadeirydd ddim yn plesio'r gynulleidfa. Ro'dd un person wedi codi ei law i gael sylw'r cadeirydd, ond cafodd ei anwybyddu. Dyma'i ffrind yn gofyn pam nad oedd ei gyfaill yn cael cyfle i ofyn cwestiwn. Daeth yr ateb fel bwled: 'I declare the meeting closed!'

Bu'n rhaid i ni swyddogion ddod lawr o'r llwyfan ac ymlwybro allan drwy ganol rhieni siomedig yn crochlefain 'Bradwyr! *Traitors*!' wrth i ni basio. Cofiaf deimlo'n unig a thrist iawn wrth ofyn i mi fy hun, a oedd rhaid cael profiadau fel yma wrth geisio sefydlu uned neu ysgol Gymraeg yn ne Cymru? Daeth y cyfan i ben yn y diwedd trwy sefydlu Ysgol Gymraeg Evan James yn hen ysgol isaf Coed-y-lan, a bellach mae'n ysgol o tua pedwar cant o blant.

Ro'dd y gofyn am addysg Gymraeg yn syfrdanol bellach, ac o'r diwedd sefydlwyd Ysgol Gymraeg Castellau mewn adeilad newydd sbon yn y Beddau – yr ysgol Gymraeg gyntaf yn y de-ddwyrain i'w sefydlu mewn adeilad newydd pwrpasol. Tyfodd nifer o unedau i fod yn ysgolion Cymraeg ac yn aml byddai gan yr uned Gymraeg fwy o blant na'r ysgol gynradd Saesneg yr oedd yn rhan ohoni, fel yn achos Ysgol Gwaelod-y-Garth. Awgrymais wrth gynghorydd lleol y dylid galw'r ysgol yma'n 'ysgol Gymraeg gydag uned Saesneg'. Edrychodd arnaf mewn anghrediniaeth lwyr am awgrymu'r fath ffwlbri. Ar y pryd, os cofiaf yn iawn, ro'dd rhywbeth fel cant ac ugain o blant yn yr uned Gymraeg, a dim ond pedwar ar hugain yn yr ysgol Saesneg!

Wrth ymddeol, roeddwn yn weddol hapus wrth edrych yn ôl a gweld bod nifer yr ysgolion uwchradd Cymraeg eu hiaith wedi cynyddu o un ysgol yn 1973 – Rhydfelen – i gynnwys, erbyn 1993, Ysgol Llanhari, Ysgol Cwm Rhymni, Ysgol Glantâf yng Nghaerdydd, Ysgol Gwynlliw yng Ngwent, Ysgol y Cymer yn y Rhondda ac Ysgol Rhydywaun yng Nghwm Cynon. Wrth gwrs, mae'r galw'n parhau, a diolch am hynny. Mae addysg cyfrwng Cymraeg wedi gwreiddio'n ddwfn, a hir y parhaed hynny, ond i ni sicrhau parhad safonau ieithyddol ac addysgol cadarn. Rhaid i mi ddweud mod i wedi cael cefnogaeth dda ym Morgannwg Ganol gan gyfarwyddwyr addysg galluog – John Brace, Aylwyn Jones, Ken Hopkins, Eddie Roberts a Keith Davies, a fu mor barod i'm cefnogi mewn ffyrdd ymarferol iawn yn aml.

DYSGU CYMRAEG YN
AMERICA AC AWSTRALIA

Y<small>N</small> E<small>ISTEDDFOD</small> Genedlaethol Aberteifi 1976, bûm yn rhedeg sesiwn foreol i bobl oedd am ddysgu siarad Cymraeg. Ymhlith y dysgwyr brwd yma ro'dd Anne Cowie, yn wreiddiol o Gaerdydd ond bellach yn byw yn Baltimore yn America ers blynyddoedd. Ddiwedd yr wythnos, soniodd Anne y byddai'n braf pe cynhelid cwrs Cymraeg i oedolion yn America rywdro. Dywedais y buaswn yn barod iawn i'w helpu, a bod croeso iddi fy ffonio pe deuai posibilrwydd o gynnal cwrs.

Ddiwedd mis Tachwedd, canodd y ffôn. Dyma'r llais yn dweud bod llywodraeth talaith Vermont wedi penderfynu noddi gweithgareddau Celtaidd y flwyddyn ganlynol. Ro'dd Anne Cowie wedi cael swm o arian pur sylweddol i drefnu cwrs Cymraeg yng Ngholeg y Mynydd Gwyrdd, Poultney, Vermont, ym mis Mehefin 1977. Ro'dd yn awyddus iawn i mi redeg y cwrs. Ystyriai awdurdod addysg Morgannwg Ganol y gwahoddiad hwn yn anrhydedd i mi ac i'r sir, a chefais fy rhyddhau o'm dyletswyddau yn ddidrafferth.

Bu'r daith hon i America yn hynod gyffrous. Hedfanais i Efrog Newydd, lle ro'dd Anne wedi trefnu i mi annerch Cymdeithas Gymraeg Efrog Newydd yn yr Eglwys Gymraeg yn 5th Avenue ar ôl cinio hyfryd iawn. Yno y cwrddais â Maldwyn Pate am y tro cyntaf. Ro'dd e'n rhedeg cwmni dawns diddorol, ac yn byw yng nghanol y ddinas. Bu Maldwyn yn garedig iawn, gan gynnig lletty i mi, a bod yn gwmni wrth edmygu gogoniannau'r ddinas. Cytunodd Maldwyn hefyd i ddod yn diwtor ar y cwrs yn Poultney, a bu ei gyfraniad yn werthfawr nid yn unig fel tiwtor iaith, ond hefyd fel galwr twmpath dawns gyda'r nos.

Cyrhaeddais Baltimore yn hwyr iawn un noson, wedi llwyr

ymlâdd ar ôl yr holl deithio, ond rhaid oedd bwrw ati i baratoi ar gyfer dysgwyr Vermont. Yn ffodus ro'dd tiwtor arall yn Baltimore a oedd yn barod i ddysgu ar y cwrs, sef Ann James, a fu'n gydathrawes gyda mi yn Ysgol Bryntaf gynt. Ro'dd hi yn America am flwyddyn, yn gweithio fel *au-pair* i deulu o dras Cymreig yn Baltimore. Yn ystod fy ymweliad, ro'dd cariad Ann wedi dod draw o Gymru i deithio America. Dyma ni'n cychwyn am Poultney, taith o dros 400 milltir, yn fore ar y Sul. Ro'dd Anne Cowie, ffrind iddi, a minnau yn teithio mewn *station wagon*, ac Ann James a'i chariad yn dilyn. Cawsom ein siarsio i beidio â mynd yn rhy gyflym, gan nad oedd Ann a'i chariad yn gwybod y ffordd.

Ar ôl rhyw gan milltir, aeth Anne Cowie'n sâl, a gan nad oedd ei ffrind yn gallu gyrru, bu'n rhaid i mi ymgymryd â'r dasg. Cyn bo hir, dechreuodd y ddwy ddadlau ynglŷn â'r ffordd orau i osgoi Efrog Newydd. Canlyniad y drafodaeth anffodus oedd i ni anelu yn syth am ganol y ddinas, a minnau heb fawr o hyder yn gyrru'r anghenfil o gar. Trwy ryfedd wyrth daethom allan yr ochr arall o'r ddinas yn ddianaf, ond och a gwae, do'dd dim sôn am Ann James druan, ac ni welwyd hi wedyn tan saith o'r gloch ar y nos Lun!

Cawsom groeso mawr yn Poultney, un o'r ardaloedd Cymreiciaf yn America. Ardal gloddio llechi ydyw, a'r mwyafrif o'r chwarelwyr wedi ymfudo o ardaloedd Bethesda a Blaenau Ffestiniog rywbryd neu'i gilydd. Yn 1977 ro'dd Cymdeithas Gymraeg yn dal i fodoli yno. Medrech gerdded i lawr y stryd yr adeg honno a dweud 'bore da' – a byddai'n fwy na phosibl y caech ateb Cymraeg.

Cofrestrodd rhyw dri dwsin o ddysgwyr brwd ar y cwrs, a bu'r ymateb yn ardderchog. Dywedodd un gŵr wrthym cyn diwedd yr wythnos ei fod bellach yn sylweddoli beth oedd bod yn Gymro, a'i fod am ddweud wrth brifathro'i blant bod yn rhaid iddynt ddechrau dysgu Cymraeg yno gan eu bod yn Gymry!

Yr oedd yn syndod i mi bod yr Americanwyr yn medru ynganu'r Gymraeg mor gywir. Yn wir, erbyn diwedd yr wythnos roeddent yn darllen geiriau'r caneuon yn dda, a'r canu fin nos yn y dafarn gystal ag y caech chi mewn unrhyw le tebyg yng Nghymru.

Ro'dd llywodraeth Vermont wedi bod yn hael iawn, ac ro'dd cyllid ar gael i gynnal cyngerdd go iawn ar y nos Sadwrn. Teithiodd côr Cymraeg merched Ottawa yr holl ffordd o Ganada i ganu yn y noson, a chan fod Phyllis Kinney yn digwydd bod yn America ar y pryd, daeth i ganu i ni. Cofiaf am Phyllis yn sôn am y wefr a gafodd wrth gerdded i lawr y stryd yn Poultney, a chlywed 'Sosban Fach' yn cael ei chanu gan y dysgwyr mewn tafarn leol. A hithau'n Americanes a oedd wedi dysgu Cymraeg yn rhugl, hawdd deall ei theimladau.

Cafwyd wythnos fythgofiadwy ar y cwrs, a'r gyngerdd ar y nos Sadwrn yn cloi'r holl weithgareddau'n bwrpasol iawn. Cefais wahoddiad i fynd i Ganada gyda merched y côr a'u gwŷr, a bu hynny'n gyfle i mi hefyd gael cipolwg ar y gwaith ardderchog a gyflawnwyd gan ysgolion cynradd oedd yn rhedeg cyrsiau trochiant mewn Ffrangeg.

Yn Ottawa, arhosais yng nghartre Don Mills a'i wraig. Ro'dd Don yn dod o Lanelli'n wreiddiol, ac yn ffrind mawr i Terry Mathews – sydd bellach yn filiwnydd, ac yn berchennog y Celtic Manor a'i gwrs golff Cwpan Ryder enwog. Mae'n debyg taw yn garej Don Mills y bu Terry yn arbrofi ac yn datblygu ei gynlluniau parthed y sglodyn meicro. Aeth Terry â ni am swper yn ystod fy ymweliad, a dyna'r tro cyntaf a'r tro diwethaf i mi gyfarfod a'r dyn galluog a hynod lwyddiannus hwn.

Yn dilyn y profiad rhyfeddaf a gefais erioed, yn ôl â mi at realiti bob dydd Morgannwg. Ro'n i'n hapus iawn i feddwl mod i wedi cael cyfle i gyfarfod â chynifer o Gymry gwladgarol yn America a chael cyfle i deithio i Ganada hefyd. Rhyw feddwl wnes i taw dyna fyddai diwedd y cyrsiau Cymraeg yn America, a chefais gryn syndod bod y diddordeb mewn dysgu Cymraeg wedi lledu i ardaloedd eraill yn y wlad, diolch i gyhoeddusrwydd y papurau misol *Ninnau* a'r *Drych*.

Yn 1978, trefnwyd cwrs ym mhrifysgol Bucknell, ym Mhensylvania. Denodd y cwrs hwn bedwar ugain o ddysgwyr.

Dyma'r tro cyntaf i mi gyfarfod â'r annwyl Barchedig J R Owen a'i wraig Joan. Bu'r ddau'n weithgar iawn fel tiwtoriaid – Joan am flynyddoedd maith, ond yn anffodus bu farw John yn llawer rhy ifanc. Codwyd carreg goffa iddo ar wal yr hen gapel yn Nant Gwrtheyrn.

Ar ddiwedd y cwrs, sefydlwyd Cymdeithas Madog, gydag Anne Cowie fel y prif drefnydd, gan sicrhau dyfodol y cyrsiau. Yr hyn oedd yn braf oedd bod y cyrsiau'n cael eu cynnal mewn lleoliadau gwahanol bob blwyddyn. Yn naturiol, ro'dd llawer mwy o ymateb yn nwyrain America – yn Maryland a Phensylvania yn arbennig – ond dros y blynyddoedd, bûm yn cyfarwyddo cyrsiau o Washington i San Francisco, ac o Poultney i Toronto, a Llundain (Ontario) yng Nghanada.

Yr hyn a roddodd y mwynhad mwyaf i mi ar y cyrsiau iaith hyn oedd y bobl ddiddorol a gwrddais, llawer ohonynt yn weithgar iawn dros y Pethe yn eu cymunedau ledled y cyfandir. Ar ben y rhestr fyddai yr Athro Robert Ffowkes o Brifysgol Efrog Newydd. Ac yntau'n Athro mewn ieithoedd Slafonic, siaradai Gymraeg yn hollol rugl – ei chweched iaith, mae'n debyg. Mynychai'r cyrsiau'n flynyddol, a chofiaf ddweud wrtho un diwrnod, 'Bob, does dim pwynt i ti ddod i fy nosbarth i o gwbl – fedra i ddim dysgu dim byd i ti.' Cofiaf ei ateb fel tase hi'n ddoe – 'Ond galli di ddysgu fi i fod yn *Gymro*.' Tybed faint o bobl sy wedi dysgu'r iaith, ond heb dyfu i fod yn Gymry!

Ro'dd Bob Ffowkes yn llawn hiwmor, ac wedi bod yn rhedeg dosbarthiadau Cymraeg yn wirfoddol yn Efrog Newydd am flynyddoedd. Yn fy nosbarth un diwrnod, ro'n i'n trafod 'am fod'. Dyma ymateb Robert Ffowkes: 'Am fod cymaint o Saeson yn byw yng Nghymru, rhaid i'r Ddraig Goch hogi ei hewinedd ar faen caled Cymreictod bob hanner awr!'

Bu Cennard Davies yn diwtor ar nifer o'r cyrsiau hyn, a chofiaf i ni drafod rhyw dro y dylai Bob Ffowkes gael ei anrhydeddu â gwisg wen yr Orsedd am ei gyfraniad hollol wych i'r Gymraeg yn America. Rhyw ddiwrnod, dywedais wrth Bob fod Cennard a minnau am ei enwebu i fod yn aelod o'r Orsedd. Cefais fy synnu gan ei ymateb pendant: 'Peidiwch chi meiddio meddwl am y fath beth! Does dim hawl gan un person i dderbyn unrhyw anrhydedd fel yna uwchlaw ei gyd-fforddolion. Fy anrhydedd i ydy fy mod wedi cael rhyw gymaint o allu i wneud yr ychydig dwi'n ceisio'i wneud dros yr iaith.'

Pan gefais f'enwebu ar gyfer yr orsedd, bu geiriau Bob yn troi o gwmpas fy meddwl yn hir iawn. Yn anffodus, nid yw Bob gyda ni bellach, a does dim modd llenwi'r bwlch a adawodd ar ei ôl.

Bu llawer un yn ddigon beirniadol o'r cyrsiau hyn yn America, gan honni fod y cyfan yn wastraff amser. Pwy a ŵyr, ond pan fu deugain o Americanwyr yn Nant Gwrtheyrn rai blynyddoedd yn ôl ar gwrs deng niwrnod, gan dalu cyfanswm o £18,000, ro'dd hynny'n hwb sylweddol i economi'r ardal. Yn ogystal, treuliasant wythnos yn yr Eisteddfod Genedlaethol, gan wario'n hael iawn ar lyfrau a chryno-ddisgiau. Mae'n rhaid i'r Gymraeg gael ffrindiau a chefnogwyr, lle bynnag y bônt – mae hynny'n hynod bwysig i ffyniant ein diwylliant a'n hiaith.

*

Ar ôl blynyddoedd o weithio ar gyrsiau Cymdeithas Madog, daeth yn amser i newid. Derbyniodd y Gymdeithas gais gan ddysgwraig i fod yn drefnydd cwrs. Gwrthodwyd ei chais, ac o ganlyniad penderfynodd y ddysgwraig, Anne Habermeel, drefnu cwrs arall ar ei liwt ei hun – cwrs ychydig yn wahanol, sef cwrs Treftadaeth Gymreig. Yr oedd y cwrs hwn yn cynnwys elfennau o iaith, llenyddiaeth, gwersi telyn, dawnsio gwerin a chaniadaeth y cysegr, a gofynnwyd i mi ei gyfarwyddo – ac fe wnes hynny am yr ugain mlynedd nesaf.

Mae'r ffaith bod cyrsiau Cymraeg Cymdeithas Madog yn dal i ffynnu yn rhoi boddhad mawr i mi. Yn un peth, mae nifer fawr o diwtoriaid Cymraeg wedi cael cyfleoedd ardderchog i deithio i America yn rhad ac am ddim.

Ar un o'r cyrsiau hyn y cwrddais â Dulais Rhys am y tro cyntaf. Ro'dd e'n ymchwilio i fywyd a gwaith y cyfansoddwr Joseph Parry yn America. Llwyddais i'w berswadio i ddod yn diwtor ar gwrs yn San Francisco. Yn ei ddosbarth, ro'dd merch o'r enw

Y teulu yn yr ardd, 1980: o'r chwith, Beca, Tegwen, Manon a minnau, Elin a Madog y ci.

Tegwen a fi o flaen un o'r temlau yn China.

Fy merched, Manon, Beca ac Elin yn gweithio yng ngwinllan Pant Teg.

Y gwinllanwr Kynric Lewis a minnau ar fin profi un o'r poteli
cyntaf o'n cynnyrch.

Munud wirion mewn teml yn China.

Canon mwyaf y wlad yn y Kremlin ym Moscow, 2007.
Mae pob pêl yn pwyso dwy dunnell.

Un o deithiau cerdded eglwys Minny Street, Caerdydd,
ar lan llyn Llanisien, 2006.

Côr Meibion Taf yng Nghapel y Tabernacl, Caerdydd, 2010.

Gydag un o'm harwyr, yr Arglwydd Gwilym Prys Davies, 2008.

Aled Gwyn a finnau ar y ffordd i'r *cup final*,
Caerdydd *v* Portsmouth, 2008.

Dathlu ein priodas ruddem gyda'r teulu yn y Gerddi Botaneg ym mis
Gorffennaf, 2008. O'r chwith, rhes gefn: Rhys, Tegwen, fi a Richard.
Rhes flaen: Manon a Dafydd, Elin a Jemeima, Iolo, Beca a Mali.

Leigh Verrill, a oedd ar y pryd yn ddarlithydd Saesneg yn y brifysgol. Sylweddolais o fewn dim bod Leigh a Dulais yn ffrindiau mawr iawn, a phan symudodd Leigh i Gymru yn fuan wedyn, a mynd ati i ddysgu Cymraeg yn rhugl, do'dd derbyn gwahoddiad i'r briodas ddim yn syndod mawr.

Cofiaf i un arall o'r dysgwyr gyhoeddi ei fod am ddod i Gymru i chwilio am wraig. Yn Aberbargoed syrthiodd David Allen mewn cariad, a dyna briodas arall i mi a Cennard, a fu'n was priodas iddynt. Bu hefyd drydedd briodas a'i chysylltiadau wedi'u gwreiddio yn un o'r cyrsiau. Un a oedd yn ffyddlon iawn i'r cyrsiau oedd y Dr Dafydd Mandry, cymeriad hoffus iawn o Lisbon, Ohio, a chefnder i'r diweddar Barchedig Morgan Mainwaring. Bu Dafydd a Joan Owen, gweddw'r Parchedig J R Owen, yn ffrindiau da ar y cyrsiau, ac ro'dd pawb yn llawen iawn pan briodasant. Bu Joan yn gweithredu am flynyddoedd fel tiwtor ar y cyrsiau Treftadaeth Gymreig. Am oriau lawer, bu'n diddanu grwpiau wrth ddarllen barddoniaeth Gymraeg, a siarad am lenyddiaeth Gymraeg.

Mae'r cyrsiau Treftadaeth Gymreig bellach wedi dathlu ugain mlynedd o fodolaeth, y mwyafrif ohonynt wedi eu trefnu'n ardderchog gan Beth Landmesser o Wilkes Berry, Pennsylvania. Yn ei chyfnod hi fel arweinydd, sefydlwyd Côr Cymraeg Gogledd America o dan arweiniad amyneddgar Mari Morgan. Yn 2005, cawsant daith hynod lwyddiannus o gwmpas Cymru. Yn Eisteddfod Genedlaethol y Bala 2009, ar ôl oriau o waith caled o dan ofal Rhodri a Chris Jones, sefydlwyd grŵp dawnsio gwerin o blith aelodau'r cwrs Treftadaeth Gymreig i gystadlu. Ro'dd pawb yn hapus iawn gyda'u llwyddiant yn cyrraedd y llwyfan.

Byddai pennod ar gyrsiau America a Chanada yn anghyflawn heb sôn am Tom Jeffries o Baltimore. Gadawodd Tom Lanelli am Baltimore pan sefydlwyd y gweithfeydd tun a dur ym Mhensylvania. Gwnaeth Selwyn Roderick ffilm ardderchog am fywyd Tom, *The Last of the Tough Welshmen*. Os bu Cymro i'r carn erioed, Tom oedd hwnnw. Yn ôl Tom, pan sefydlwyd y gweithfeydd dur, Cymraeg oedd iaith y cyfathrebu mewn ambell ffatri. Ei ddiddordeb mawr oedd rygbi Llanelli; yn wir, byddai'n dod am bythefnos bob blwyddyn i'w gweld yn chwarae, gan adael ei annwyl wraig ar ôl yn Baltimore.

Cefais wahoddiad ganddo un diwrnod i fynd allan am ginio mewn archfarchnad. Teithiom yn ei gar Peugeot hynafol a oedd wedi gweld dyddiau gwell. Pan barciwyd y car ym maes parcio'r archfarchnad, cerddodd Tom i ffwrdd gan adael y drws ar agor led y pen.

'Beth am gau'r drws, Tom?' meddwn.

'Fydda i byth yn gwneud hynny,' atebodd. 'Dyna'r ffordd orau i wneud yn siŵr na fydd neb yn ei ddwyn – byddant yn meddwl 'mod i o gwmpas yn rhywle.' Fel tase unrhyw un yn meddwl am ddwyn y car hwn, a oedd wedi bod yn hynod garedig i rwd!

Ar ôl cyrraedd y siop a'i fasged ar ei fraich, dyma Tom yn torri allan i ganu'n uchel – 'Unwaith Eto yng Nghymru Annwyl'.

'Pam 'ych chi'n canu yn y lle 'ma, Tom?'

'Er mwyn cyfarfod â Chymry!' oedd yr ateb.

'Sawl Cymro 'ych chi wedi eu cyfarfod wrth siopa yma bob wythnos am ugain mlynedd?'

'Dau!' oedd yr ateb. Synnais ei fod wedi cyfarfod â chynifer â dau mewn lle mor annuwiol â'r archfarchnad yma ym mherfedd Baltimore.

Ro'dd Tom yn poeni'n ofnadwy y byddai rhywun yn rhoi carreg uniaith Saesneg ar ei fedd, a gwnaeth y penderfyniad hollol wreiddiol o brynu carreg fedd ymlaen llaw. Ie, carreg uniaith Gymraeg, gyda lle i ysgythru blwyddyn ei farwolaeth arni. Tybed a wnaeth unrhyw un arall rywbeth tebyg? Erbyn hyn, yn anffodus, mae dyddiad ei farw hefyd ar y garreg.

*

Mewn un Eisteddfod Genedlaethol, cefais wahoddiad i Babell y Dysgwyr i roi sgwrs am ddysgu Cymraeg yng Nghanada ac America. Ar ddiwedd y sgwrs, daeth gŵr o'r enw Horatio Rees ataf a dweud y byddai'n syniad ardderchog i gael cwrs Cymraeg tebyg yn Awstralia. Ro'dd Mr Rees yn wreiddiol o'r Tymbl, lle bu'n rhedeg siop 'sgod a sglods am flynyddoedd yn ogystal â gweithio'n gyson a ffyddlon dros y Pethe yn yr ardal. Ro'dd ef a'i wraig erbyn hyn wedi symud i Awstralia er mwyn bod yn agos at eu merch, a oedd yn nyrs yn Sydney. Gwnaeth Horatio gais i'r Cyngor Prydeinig am grant teithio i dalu fy nghostau i fynd allan i Awstralia mor fuan â phosibl. Bu'r Cyngor yn gymwynasgar iawn, ac aeth Horatio ati i drefnu fy nhaith.

Cyrhaeddais Sydney yn ddiogel, a daeth Horatio yno i'm cyfarfod. Ro'dd e'n frwdfrydig wrth egluro'r trefniadau manwl ar fy nghyfer. Bûm yn aros yng ngholeg St John ym mhrifysgol Sydney am wythnos ac yno y cwrddais â'r Athro Stephen Knight o adran Saesneg y brifysgol, a oedd yn wreiddiol o Gaerffili, ac a oedd wedi sefydlu cwrs Astudiaethau Celtaidd yn y coleg. Gan fod tipyn o Gymraeg yn rhan o'r cwrs yma, ro'dd Stephen yn awyddus i mi gymryd rhai sesiynau gyda'r myfyrwyr, a chawsom lawer o hwyl yn ystod y sesiynau hynny. Cefais fy synnu gan eu gallu i siarad ychydig o'r iaith.

Dros y penwythnos cyntaf, ro'dd Horatio wedi trefnu gwersi i griw o Gymry yn yr eglwys Gymraeg yn Sydney. Lansiwyd y cwrs ar y nos Wener gyda Noson Lawen hynod o hwyliog – cyfle i Horatio ddangos ei ddawn ar y piano. Fel yn America, do'dd dim problem o gwbl i greu diddordeb yn yr iaith, a gwnaeth nifer o bobl gopïau o'r tapiau iaith oedd gen i, er mwyn parhau gyda'u hastudiaethau.

Ar y nos Sadwrn ar ôl y cwrs, cawsom swper yng nghartref Athro Amaethyddiaeth y brifysgol. Ro'dd yntau'n Gymro Cymraeg o ogledd Cymru, ac ro'dd Horatio ac ef wrthi'n ymgyrchu i sefydlu Adran Astudiaethau Celtaidd yn y brifysgol. Ro'dd hi'n amlwg i mi fod yna lawer iawn o ddiddordeb ymhlith y gymdeithas Gymreig yn Sydney. Gobeithio iddynt lwyddo.

Ar y ffordd yn ôl i'r coleg wedi swper hyfryd, cyhoeddodd Horatio fod rhaid i mi bregethu yn yr Eglwys Gymraeg ar y Sul! Ro'dd yn amhosibl dadlau gyda Horatio a bûm wrthi tan oriau mân y bore yn cyfansoddi anerchiad ar gyfer y Sul, a chefais ymateb digon hwyliog. Horatio oedd ysgrifennydd, trysorydd, ac organydd yr eglwys – ac yntau bellach wedi ymadael â ni, tybed beth yw hanes yr achos yno erbyn hyn?

Cyn gadael Sydney, ro'dd Horatio yn awyddus iawn i fynd â mi allan am swper. Ac i ble aethom ni? Wel, i siop 'sgod a sglods nid nepell o'r coleg, lle ro'dd Horatio yn gyfan gwbl gartrefol!

Hedfanais o Sydney i Melbourne i arwain cwrs Cymraeg yn y brifysgol yno hefyd. Ar ôl cyrraedd, cefais syndod taw'r Adran Rwsieg oedd yn trefnu'r cwrs! Do'dd gan y Rwsiad militaraidd a gwrddais yno fawr o ddiddordeb yn y Gymraeg, ond dywedodd fod nifer o bobl wedi dangos diddordeb ac efallai y byddai gen i ddeg o fyfyrwyr – efallai ugain! Dywedodd y byddai'r cwrs yn rhedeg am wyth noson, o bump o'r gloch tan naw. Yn bryderus braidd, cofiaf droi i mewn i'r stafell ddysgu ar y noson gyntaf a gweld trigain o fyfyrwyr, y mwyafrif ohonynt yn ifanc ac yn frwd. Deallais taw aelodau o Gymdeithas Athrawon Ffrangeg Melbourne oedd llawer ohonynt, yn awyddus i weld sut beth oedd yr iaith Gymraeg, a sut y byddwn yn eu dysgu. Ro'dd yna hefyd nifer o fechgyn ifanc o dras Cymreig â diddordeb mawr mewn pêl-droed, ac yn awyddus i siarad Cymraeg fel Mark Hughes ac Ian Rush! Wnes i ddim eu dadrithio nad oedd fawr o gysylltiad rhwng y ddau a'r Gymraeg. Tybed ai dyma'r dosbarth Cymraeg i oedolion mwyaf o ran maint a fu yn hanes yr iaith?

Erbyn saith o'r gloch bob nos, ro'n innau'n fwy na pharod i dorri am goffi ond, ar ôl y toriad ar y noson gyntaf, daeth rhai myfyrwyr ataf yn cwyno bod y toriad yn amharu ar eu hamser dysgu, ac yn gofyn a allem hepgor y coffi am weddill y cwrs! Yn naturiol cytunais, ond ro'dd y profiad o ddysgu am bedair awr o'r bron yn newydd i mi, yn enwedig a minnau'n brin iawn o adnoddau dysgu. Un llyfr ac un tâp oedd gen i, achos roeddwn wedi gadael llawer o'm deunyddiau yn Sydney. Gofynnais yn wylaidd a fyddai modd llungopïo ambell bennod o'r llyfr i mi. Gwirfoddolodd sawl un i wneud hyn, a'r noson wedyn derbyniais drigain copi o'r holl lyfr! Gwnaeth aelod arall o'r grŵp drigain copi o'r tâp hefyd. Yn amlwg, ro'dd y rhain yn fyfyrwyr awyddus a brwdfrydig iawn, a dim llawer o barch ganddynt at ddeddfau hawlfraint!

Ro'dd gallu'r myfyrwyr i siarad yr iaith yn amrywio'n aruthrol, ond trwy drefnu gwaith grŵp yn ôl eu gallu, llwyddwyd i gadw pawb i weithio'n galed.

Ro'dd y dosbarth yn cynnwys meddyg a ddeuai o Gaerdydd yn wreiddiol. Medrai'r Gymraeg yn dda iawn. Soniodd wrthyf ei fod wedi cael addysg breifat, a bod ei dad wedi dweud wrtho, 'I'm going to knock that bloody Welsh accent out of you so that you speak proper English!' Ac felly y bu.

Un noson meddai wrtha i, 'Ro'n i'n sâl, ac fe es i'r stafell ymolchi. Edrychais yn y gwydr, a dywedais wrthyf fy hun, "I look like an Englishman, I speak like an Englishman – my God, I am an Englishman!" Penderfynais yn y fan a'r lle i fynd ati i ddysgu Cymraeg trwy ddefnyddio tapiau. Dw i wedi troi eto i fod yn Gymro. Mae Cymraeg wedi mynd yn gyffur i mi bellach. Wrth ochr fy ngwely mae'r *Geiriadur Mawr* – yn aml, byddaf yn meddwl am ryw air Saesneg, a rhaid cael y gair Cymraeg yn syth!' Bu wythnos yn ei gwmni ef a'i wraig annwyl yn donic go iawn i mi.

Daeth yr wythnos yn Melbourne i ben yn llawer rhy sydyn, ac ar ôl parti cofiadwy ar y noson olaf, rhaid oedd troi am adref. Byddaf yn ddiolchgar am byth i'r diwylliedig annwyl Horatio Rees am drefnu cyfle mor arbennig i mi gyfarfod â ffrindiau'r Gymraeg yn Awstralia.

Ond nid oedd fy nhaith wedi gorffen eto. Rai wythnosau ynghynt, cyn gadael am Awstralia, cawswn y pleser o gael cwmni uwch-swyddog addysg o Hong Kong, a ddaethai i Forgannwg Ganol i ymweld ag ysgolion ac i drafod addysg ddwyieithog. Ar ddiwedd ei ymweliad, dywedodd y cawn groeso unrhyw amser i ddod i Hong Kong i gael cipolwg ar addysg yno. Meddyliais y gallwn dreulio cyfnod yno ar fy ffordd yn ôl o Awstralia. Cytunodd yr awdurdod addysg i'm rhyddhau am wythnos ychwanegol, a dyma fi felly yn mynd yno. Bu'r croeso yn Hong Kong yn hyfryd – a chefais fy nhrin fel gwestai arbennig gan y llywodraeth.

Ro'dd eu systemau addysg yn effeithiol iawn. Cofiaf fod mewn ysgol uwchradd yn gweld 70 o ddisgyblion yn yr ystafell waith-metel o dan ofal un athro. Ro'dd pob un wedi ymgolli'n llwyr yn ei waith, a phan ddywedais wrth yr athro fy mod yn synnu gweld cynifer o blant o dan ofal dim ond un athro, atebodd, 'We teach our children at a very young age that if they do not work, they do not live'. Go brin ein bod ni yng Nghymru yn llwyddo y dyddiau hyn i gael neges gyffelyb drosodd i'n plant.

FY NANT GWRTHEYRN

AR WYLIAU teuluol yn y Bala ddechrau 70au'r ganrif ddiwethaf clywais siarad fod pentref cyfan ym Mhen Llŷn yn mynd i gael ei brynu gan bobl leol gyda'r bwriad o sefydlu Canolfan Iaith yno. Rhaid oedd mynd i weld y lle, a oedd gerllaw pentref Llithfaen. Dyma'r tro cyntaf i mi fod yno. Gyrrais o'r pentref i'r maes parcio ar ben cwm Nant Gwrtheyrn a chael cryn sioc wrth geisio cyrraedd y pentref diarffordd, ac yn sicr bu'n brofiad bythgofiadwy i'r plant pan welsant mai'r unig ffordd i'r Nant oedd y llwybr creigiog, caregog – y 'gam-ffordd' enwog.

Cyrhaeddwyd y pentref o'r diwedd, a dyna syndod o weld dwy res o dai heb na drws na ffenestr, a'r tŷ mawr a safai ar ei ben ei hun yn edrych yn chwithig yno. Syrthiais mewn cariad â'r lle ar unwaith! Dyma'r lle mwyaf rhamantus i mi fod ynddo erioed – sut yn y byd mawr y bu iddo syrthio i'r fath gyflwr? Ar ôl treulio rhyw awr a mwy yn crwydro'r pentref, bu'n rhaid troi am y gam-ffordd unwaith eto, gan stopio bob ugain llath i edmygu'r golygfeydd anhygoel, a chydymdeimlo â'r gragen o bentref ro'dd y byd wedi anghofio amdano.

Ond nid oedd y pentref am gael aros yn angof am hir – ro'dd meddyg ifanc, Dr Carl Clowes, eisoes yn cynllunio dyfodol y Nant. O glywed bod y pentref ar werth, aeth ati'n syth i drafod gydag chwmni'r ARC (Amy Roadstone Corporation), perchnogion y pentref. Yn naturiol, ni fu prinder diddordeb mewn prynu'r Nant ond, ar ôl sefydlu ymddiriedolaeth, llwyddwyd yn y diwedd i gytuno ar werthiant y pentref cyfan am £25,000. Ro'n i'n edmygu Dr Clowes yn fawr am ei ddyfalbarhad a'i argyhoeddiad diwyro y gellid dod â bywyd yn ôl i'r Nant unwaith eto. Yn nyddiau cynnar yr Ymddiriedolaeth, bu cyfraniad Elsbeth Roberts yn allweddol o ran rhedeg y swyddfa ac ati. Pan gefais wahoddiad i ymuno â'r Ymddiriedolaeth, rhyw bum mlynedd ar ôl iddi gael ei sefydlu, ro'dd yn fraint ac yn anrhydedd cael cyfle i gydweithio gyda chynifer o bobl yr oedd gen i gymaint o barch atynt. Mae'n siŵr bod y gwahoddiad wedi dod yn sgil y ffaith fy mod yn cynnal cyrsiau Cymraeg yn America, a bod yna felly bosibilrwydd y gallwn godi tipyn o ddoleri i helpu'r achos.

Fel mater o ffaith, llwyddais i godi rhai miloedd o ddoleri yn America, ond dim hanner cymaint ag yr oeddwn wedi'i obeithio. Yn San Francisco, cwrddais â'r Dr Donna Lloyd-Kolkin, a oedd yn rhedeg cwmni codi arian ar gyfer elusennau led-led y byd. Cytunodd i wneud ychydig i helpu'r achos ond, yn anffodus, siomedig fu'r ymateb i'w hapêl. Ro'dd ei chwmni yn anfon naw miliwn o lythyrau apêl mewn ambell achos, gan ddisgwyl rhyw dri y cant o ymateb i'r llythyr cyntaf, mwy o ymateb i'r ail, ac yn y blaen. Do'dd cyllid y Nant ddim yn ddigonol i fanteisio'n llawn ar y cynllun Americanaidd ond, ar adeg pan o'dd prynu dwy sachaid o sment yn benderfyniad dwys, bu pob doler yn help.

Y broblem fwyaf a berai Nant Gwrtheyrn i mi oedd ei fod 180 milltir o'm cartref yng Nghaerdydd, ac ro'dd hawlio costau teithio allan o'r cwestiwn y dyddiau hynny. Diolch byth, cynhelid llawer o'r cyfarfodydd yn Nolgellau ar nos Wener, a byddwn yn aml yn casglu Cennard Davies, ymddiriedolwr arall, ym Mhontypridd. Ro'dd hyn yn byrhau'r daith cryn dipyn, a chaem gyfle yn y car i drafod Morgannwg Ganol, a gweddill Cymru. Bu'r teithiau hyn yn fuddiol iawn, a dysgais lawer iawn gan Cennard am ddulliau gweithio Cynghorwyr y Blaid Lafur yn y Rhondda!

Bu un o gynlluniau creu gwaith MSC (Manpower Services Commission) y llywodraeth yn hwb aruthrol i gychwyn y gwaith o adeiladu ac adfer y pentref. O dan nawdd y cynllun, cyflogid nifer o bobl ifanc ddi-waith yr ardal o dan ofalaeth crefftwr, ac ar ben y cyllid cyflogaeth rhoddwyd deg y cant yn ychwangeol tuag at brynu deunyddiau adeiladu. Gweithiodd Berwyn Evans o Lansannan, ymddiriedolwr arall, yn ddiflino yn ystod y cyfnod hwn i sicrhau llwyddiant y cynllun.

Ymhen dim, llwyddwyd i orffen adnewyddu'r tŷ cyntaf, Dwyfor. Yna cyfunwyd dau o'r hen dai teras i greu un tŷ sylweddol a chysurus iawn. O'r diwedd, dyna ein Canolfan Iaith Genedlaethol!

Bellach penderfynwyd bod gennym ychydig o adnoddau a oedd yn caniatáu i ni agor canolfan iaith, er nad oedd gennym gyflenwad o ddŵr dibynadwy, na thrydan chwaith.

Myrfyn Morgan a'r ddiweddar Gwenno Hywyn oedd y tiwtoriaid ar y cwrs cyntaf, gyda rhyw bedwar o fyfyrwyr. Y Sadwrn canlynol, Cennard a minnau oedd y tiwtoriaid, gyda thri myfyriwr. Ro'dd hwn yn gyfnod cyffrous dros ben, a phob un ohonom yn breuddwydio am weld diwedd ar yr adeiladu, a'r ganolfan iaith yn orlawn bob wythnos. Do'dd dim prif gyflenwad trydan ar y pryd, a byddai sŵn 'poppop-pop' y generadur yn fiwsig i'n clustiau bob nos ar ôl llwyddo i'w gychwyn! Bellach do'dd dim troi 'nôl, a diolch i haelioni Dr Clowes unwaith eto, gorffennwyd y gwaith ar y tŷ drws nesaf, sef Aelhaearn.

Bellach ro'dd Nant Gwrtheyrn wedi dal dychymyg y genedl, ac fe aed ati'n hynod o gyflym i gwblhau'r gwaith o ailadeiladu'r pentref. Rhaid cydnabod ymdrechion gwirfoddolwyr a chynghorau lleol, sirol, a threfol, o Sir Fôn i Gaerffili. Caed cyfraniadau gwerthfawr iawn hefyd gan y Swyddfa Gymreig gynt, ac ro'dd cefnogaeth Syr Wyn Roberts i'n haml apêl am gyllid wastad yn gyson a hael.

Llwyddwyd i brynu saith deg erw o goedwig oedd yn arwain i lawr i'r cwm ac, ar y tir hwn, gellid adeiladu ffordd go iawn i'r pentref. Dw i'n falch iawn o'r ffaith taw fy Awstin Macsi i oedd y cerbyd modur cyntaf erioed i deithio i lawr i'r pentref ar ôl cwblhau'r ffordd newydd!

Bu sawl cyfarfod diddorol a chyffrous yn ystod y Diwrnodau Agored cyson a gynhaliwyd. Yng nghaffi bach Meinir, a agorwyd yn y 1970au mewn adeilad a oedd yn arfer bod yn ysgubor, byddai gwragedd ambell un o'r ymddiriedolwyr wrthi'n ddygn yn gwneud bara brith, pice ar y maen, brechdanau, a the – y cyfan er mwyn dod ag ychydig geiniogau prin i'r coffrau.

Nid anghofiaf fyth brynhawn ailagor y capel. Daeth dros gant a hanner o bobl i lawr i'r pentref y diwrnod hynnw ar hyd y gamffordd, yn eu plith teulu'r diweddar Phillip Henry o Abertawe.

Ro'dd Phillip wedi bod yn gweithio ym Mhatagonia a thra oedd yno, syrthiodd mewn cariad â Lowri, merch o'r wlad, a ddaeth yn wraig iddo'n ddiweddarach. Ar ôl dychwelyd i Gymru, bu Phillip farw yn llawer rhy ifanc, a phenderfynodd y teulu roi rhodd i'r Nant er cof amdano, sef dodrefn i'r capel. Cafwyd cymanfa ganu fythgofiadwy y prynhawn hwnnw o dan arweiniad Edward Morus Jones, a phan wnaed y casgliad, gofynnais tybed a fyddai'n bosibl cael casgliad 'tawel', a dyna a gawsom – dim un geiniog na swllt, dim ond papurau punt a phum punt – gan ychwanegu'n sylweddol at y gronfa.

Ro'dd Phillip Henry wedi marw yn ystod cyfnod y tensiynau mawr rhwng Prydain a'r Ariannin, yn ystod rhyfel y Malfinas. Am fod Lowri Henry yng Nghymru ar y pryd, ro'dd llywodraeth yr Ariannin wedi rhewi ei holl asedau. Ar ddiwedd y gwasanaeth yng nghapel bach y Nant, daeth ataf i ddiolch am y gwasanaeth, a dymunais bob llwyddiant iddi yn y dyfodol.

'Y broblem ar hyn o bryd,' meddai Lowri wrthyf, 'yw nad wyf yn gallu prynu'r pethau dw i'n eu hoffi. Ond, yn ara deg, dw i'n dysgu hoffi'r pethau dw i'n eu prynu.' Dweud mawr – edrychais dros y pentref, gan feddwl pa mor ddiolchgar y dylem fod am gyfraniad pawb tuag at ein dyfodol yn y Nant.

Bu'r dathliadau wrth agor pob tŷ wedi iddo gael ei adnewyddu yn gofiadwy iawn; erys un diwrnod yn y cof yn arbennig, sef agor Porth y Wawr. Ro'dd Merched y Wawr wedi llwyddo i godi £10,000 i adnewyddu ac addasu tŷ yn arbennig ar gyfer yr anabl. Daeth llond bws o Ferched y Wawr o Sir Benfro yng nghwmni y diweddar Eirlys Davies, llywydd cenedlaethol y mudiad ar y pryd, i fwynhau prynhawn yn y Nant. Do'dd yr un ohonynt wedi bod yn y pentref o'r blaen ond, yn anffodus, ro'dd hi'n arllwys y glaw trwy'r dydd. Serch hynny, ni wnaeth hyn amharu dim ar eu mwynhad, a chyn i'w bws droi am adref, ymddiheurais am y fath dywydd, a diolchais iddynt am ddod yn griw mor llon. Dyma'r ymateb ges i: 'R'yn ni'n wlyb stecs, ond wedi joio mas draw!' Ro'dd y sylw hwn yn nodweddiadol o'r criwiau a ddaeth yn llu i agor y gwahanol dai ar eu newydd wedd, pawb mor frwdfrydig ac yn falch o gael bod yn rhan o'r fenter.

Bu trefnu cael deg ar hugain o bobl o'r America ar gwrs deng niwrnod 'Wythnos Treftadaeth Cymru' yn dipyn o dasg i nifer o bobl, ond daethant yn frwd iawn. Byddai cael tywydd braf yn hanfodol iddynt ond, ar y bore cyntaf, ro'dd hi'n tywallt y glaw. Pan oedd rhai ohonynt ar eu ffordd i'r caffi am eu brecwast, cefais air gydag Ann Brown, bardd o Illinois.

'Trueni am y glaw,' dywedais.

'Paid â phoeni o gwbl,' atebodd. 'Mae glaw y Nant yn troi a throi o gwmpas y cwm mor ddiddorol a gwahanol. Yn America mae'n dod i lawr yn hollol syth ac anniddorol.'

Wel! Ro'dd gobaith, felly, am wythnos gofiadwy – hyd yn oed os oedd glaw y Nant yn ddiddorol! Yn y caffi, wrth gwrs, cawsant wleddoedd dyddiol gan Gwyn, a'r amrywiaeth yn y prydau yn rhyfeddol. Ie, dyna oedd wythnos gofiadwy – a'r Ganolfan ar ei gorau.

Trefnais fod Gruffudd Williams o Lithfaen yn dod i lawr i gyfarfod â'r Americanwyr. Ar ôl egluro iddynt bod Mr Williams dros ei gant oed, a'i fod yn un o'r olaf i weithio yn chwarel Carreg y Llam ac i fyw ym mhentref Nant Gwrtheyrn, bu edrych ymlaen mawr at ei gyfarfod. Cawsant orig i'w chofio, a'r hyn a gofiaf innau am byth oedd y tawelwch a ddaeth dros yr ystafell pan gerddodd i mewn – tawelwch yn dangos parch. Ro'dd Mr Williams wedi bod yn y Rhyfel Byd Cyntaf, ac ef oedd un o'r hynaf o'r rhai oedd yn dal yn fyw o'r cyfnod hwnnw. O ganlyniad ro'dd e wedi bod ym mhalas Buckingham ar aml i achlysur i goffáu'r rhyfel, ac ro'dd wedi cyfarfod â'r Tywysog Siarl a'r Frenhines sawl tro. Gan fod Ymddiriedolaeth y Tywysog wedi cyfrannu at goffrau'r Ganolfan Iaith flynyddoedd ynghynt, penderfynodd y Tywysog ei hun ymweld â'r Nant ar y cyntaf o Orffennaf, 1994, i weld y datblygiadau diweddaraf ar achlysur dathlu ei 25 mlynedd yn Dywysog Cymru. Yn naturiol, trefnwyd i Gruffudd Williams ddod i gyfarfod â'r Tywysog. Wrth gyflwyno Mr Williams iddo, soniais y byddai siŵr o fod yn ei gofio.

'Of course,' meddai'r Tywysog. 'It's so nice to meet you once more, Mr Williams.'

'Tell me, how's your mother these days?' meddai Gruffudd Williams.

Does gen i ddim cof o'r ateb, ond ro'n i wedi dotio'n lân ar ddiniweidrwydd y cwestiwn!

Bu mynych ymweliadau y diweddar Ioan Mai Evans â'r pentref yn fonws mawr i aml i gwrs. Ro'dd e'n hanesydd lleol a chanddo gof aruthrol, ac ro'dd wrth ei fodd o weld y Nant yn atgyfodi, fel petai. Mawr obeithiaf fod rhywun wedi recordio rhai o sgyrsiau Ioan – roeddent bob un yn byrlymu o hanes, a'i ddull brwdfrydig o draddodi yn llwyddo i ddal sylw pob unigolyn ym mhob cynulleidfa. Coffa da amdano.

Bu 1988 yn garreg filltir bwysig i'r Nant – blwyddyn dathlu deg oed yr Ymddiriedolaeth. Osian Wyn Jones oedd y cyfarwyddwr ar y pryd; gweithiodd yn ddiflino i sicrhau penwythnos o ddathliadau mewn pabell a godwyd yn arbennig ar gyfer yr amrywiol weithgareddau.

Bu nifer o unigolion brwd yn dal swydd Prif Weithredwr Ymddiriedolaeth Nant Gwrtheyrn a phob un ohonynt yn wynebu sialens aruthrol. Y sialens fwyaf, wrth gwrs, oedd codi arian yn gyson. Ar ben hyn, roeddent yn gyfrifol am drefniadau ailaddasu'r pentref. Gwnaed cyfraniad gwerthfawr, mewn gwahanol ffyrdd, gan bob un ohonynt – Edryd Gwyndaf, Dylan Morgan, Gwyn Williams, Gareth James, Osian Wyn ac Aled Jones Griffiths. O dan arweiniaeth Osian, cwblhawyd y rhan fwyaf o'r gwaith ailadeiladu, a darparwyd ffordd darmac i lawr i'r pentref. O'r diwedd, ro'dd hyn yn agor y Nant i'r byd. Yn ystod fy nghyfnod innau fel Cadeirydd, byddwn yn teithio i fyny ar nos Wener ar gyfer cyfarfod dydd Sadwrn a rhaid diolch i Osian, a Pauline, ei wraig, am y croeso braf a gawn bob amser ar eu haelwyd yn Llanor.

Do'dd swydd cadeirydd yr Ymddiriedolaeth ddim yn hawdd o bell ffordd. Anghofia i fyth 'mo'r cyfarfod yn ein swyddfa yn Llithfaen i drafod yr unig eitem ar yr agenda, sef pryniant Plas y Pistyll. Ro'dd y Plas yn westy sylweddol pan ddaeth ar y farchnad. Bu nifer o'r ymddiriedolwyr yn gweld y Plas, gan rag-weld cyfle gwych i agor canolfan hyfforddi arlwyo a rhedeg gwesty mewn lleoliad delfrydol ym Mhen Llŷn. Cafwyd addewidion am gefnogaeth i'r fenter newydd hon o nifer o gyfeiriadau, gan y byddai modd creu swyddi newydd mewn ardal lle ro'dd diweithdra yn broblem. Ond ro'n innau'n teimlo'n gryf iawn na ddylid mentro i'r cyfeiriad hwn. Ysgrifennais at yr ymddiriedolwyr yn datgan fy marn: sicrhau dyfodol Nant Gwrtheyrn fel canolfan iaith oedd ein hunig gyfrifoldeb ni. Efallai y byddai prynu'r Plas yn peryglu dyfodol y ganolfan iaith. Dyna oedd fy nadl i.

Cafwyd cyfarfod hynod ddiddorol – os dyna'r ffordd iawn i'w ddisgrifio. Ar ôl trafodaeth hir a bywiog, penderfynwyd – gyda mwyafrif sylweddol – prynu'r Plas. Oherwydd fy mod yn teimlo mor gryf yn erbyn prynu, dywedais fy mod yn bwriadu ymddiswyddo o'r Ymddiriedolaeth. Gadewais y cyfarfod a throi am y maes parcio gerllaw ond, am ryw reswm, ro'dd y car yn pallu cychwyn. Bum munud yn ddiweddarach, daeth rhai o'r ymddiriedolwyr allan, a cheisio fy mherswadio bod rhaid i mi aros, gan awgrymu fod gen i gyfraniad pwysig i'w wneud. Roeddent yn hollol hyderus y byddai cynllun Plas y Pistyll yn llwyddiant mawr. Yn wyneb eu hyder a'u perswâd anhygoel, penderfynais aros a dychwelyd gyda nhw i'r cyfarfod.

Y fath gamgymeriad! Tase fy nghar melyn i wedi cychwyn yn iawn, a minnau wedi dychwelyd i Gaerdydd, mwy na thebyg mai dyna fyddai diwedd fy nhipyn cyfraniad at ddyfodol y Nant. Ro'dd hi'n amlwg, o edrych yn ôl ar y diwrnod hwnnw, nad oeddwn yn barod i adael, mewn gwirionedd, a bod gen i gyfraniad pellach i'w wneud. Do'dd dim amdani ond gweithio'n galed dros yr Ymddiriedolaeth, a gwneud fy ngorau dros y cynllun, a oedd – o safbwynt yr Ymddiriedolaeth – yn mynd i sicrhau dyfodol disglair i Blas y Pistyll. Fel y gŵyr pawb bellach, methiant fu'r cynllun, ond nid oherwydd diffyg gwaith caled gan yr is-bwyllgor. Gweithiwyd yn ddiflino i geisio codi'r cyllid priodol i wireddu breuddwyd a allai – ym marn mwyafrif yr ymddiriedolwyr – fod wedi bod yn gyffrous iawn, ac a allai fod wedi rhoi hwb i economi'r ardal.

Bu'r blynyddoedd nesaf yn anodd iawn i'r Ymddiriedolaeth.

Oherwydd diffyg arian, bu raid colli staff – rhai oedd wedi gwneud cyfraniad mawr at lwyddiant y Nant. Ailstrwythurwyd y drefn, ac apwyntiwyd pwyllgor rheoli i redeg y Ganolfan o ddydd i ddydd. Yn anffodus ni lwyddodd y cynllun, a dychwelwyd at drefn wreiddiol yr ymddiriedolaeth a wnaed. Adeg y pwyllgor rheoli, dim ond pedwar ohonom oedd yn ymddiriedolwyr: Roger Jones, Edward Morus, Carl Clowes, a minnau. Roeddem yn cydweithio'n dda, gan roi ein gwahaniaethau barn i'r naill ochr, a pharhau yn dîm agos er budd y Nant.

Priod waith Canolfan Iaith Nant Gwrtheyrn yw dysgu Cymraeg i oedolion, a dros y blynyddoedd bu'r Nant yn ffodus iawn i gael tiwtoriaid profiadol a blaengar, oedd yn cynllunio cyrsiau yn gwbl broffesiynol. Mike Rayment oedd y tiwtor cyntaf ac ef a fu gyda'r ganolfan am y cyfnod hiraf. Un o sir Benfro oedd Mike ac ro'dd e wedi dysgu Cymraeg fel ail-iaith ei hun. Cyflawnodd waith arbennig, yn enwedig mewn cyfnod pan mai dim ond ef ac un gweithiwr arall llawn amser oedd yno. Yn anffodus i'r Nant, cafodd swydd arall ym mhencadlys Heddlu Gwynedd, lle mae wedi parhau i weithio'n llwyddiannus iawn fel y Prif Diwtor Cymraeg. Mike a ddysgodd Gymraeg i Richard Brunston, cyn-brif gopyn Gwynedd.

Cafwyd cyfraniadau gwerthfawr iawn hefyd oddi wrth nifer o diwtoriaid rhan-amser – rhai ohonynt yn barod iawn i roi eu gwasanaeth ar fyr rybudd, ac yn dal i wneud felly, dw i'n siŵr.

Ystyriwn fy ngwaith yn Nant Gwrtheyrn fel atodiad pwysig i'm gwaith ym Morgannwg Ganol. Trefnais nifer o gyrsiau wythnos a phenwythnos i lawer o athrawon y sir, a bu Gareth Williams, un o'n hathrawon bro, yn trefnu cyrsiau arbennig iawn i ddisgyblion oedd yn astudio Cymraeg Lefel A. Bu cydweithio da rhwng Adran y Gymraeg ym Mhrifysgol Morgannwg a Morgannwg Ganol o ran gallu galw ar nifer o ddarlithwyr i siarad ar y cyrsiau. Bu'r Nant hefyd yn le perffaith iddynt gychwyn ar ymweliadau â chartrefi rhai o'n prif lenorion.

Bu'n rhaid i'r Ganolfan gau yn ystod y gaeaf bob blwyddyn, yn bennaf oherwydd bod y ffordd yn beryglus. Yn sicr, ro'dd bod heb ddysgwyr o fis Tachwedd tan fis Mawrth yn cyfyngu llawer ar yr incwm blynyddol. Pan oeddwn yn gadeirydd yr is-bwyllgor iaith, dadleuais yn gryf y dylai pob cwrs i ddysgwyr fod yn agored i bob lefel bob wythnos. Sail fy nadl oedd bod y niferoedd yn aml yn fach iawn, ac mi ddylai felly fod yn bosib trefnu cwrs pum diwrnod yn y fath ffordd fel bod pob aelod yn cael digon o sylw unigol gan y tiwtor. Yn anffodus, do'dd fy syniadau i ddim yn apelio at Howard Edwards, ein prif diwtor, na chwaith at Aled Jones Griffiths, y Prif Weithredwr. Bu'r anghytundeb digon cyfeillgar a phroffesiynol hwn yn gysgod dros fy wythnosau olaf yn y Nant. Yn Nhachwedd 2003, derbyniais lythyr oddi wrth Bethan Jones-Parry, cadeirydd Cwmni'r Nant, yn dweud fy mod wedi torri rheol cyfrinachedd y Bwrdd trwy drafod mater staffio'r Ganolfan gyda Phrif Weithredwr Acen a Phrif Weithredwr Bwrdd yr Iaith – er nad o'dd yr un o'r ddau hynny'n cofio i mi wneud y fath beth. Dros y blynyddoedd, roeddwn wedi trafod bron bopeth yn agored gyda'r ddau gorff yma ac, o ganlyniad, cafwyd cefnogaeth ymarferol sylweddol ganddynt yn gyson. O dderbyn llythyr Bethan Jones-Parry, sylweddolais fod pethau wedi newid, ac mai camgymeriad mawr ar fy rhan fu trafod busnes y Nant gydag unrhyw un, gan gynnwys Acen a'r Bwrdd. Bellach, ro'dd Aled Jones Griffiths, Prif Weithredwr y Ganolfan Iaith, yn amharod i gydweithio gyda mi ac os na fyddwn i yn ymddiswyddo, cefais ar ddeall y byddai'n rhaid iddo ef wneud hynny. Cyflwynais innau fy ymddiswyddiad, gan ymddiheuro i'r Ymddiriedolaeth os oeddwn wedi eu tramgwyddo. Gofynnais hefyd ar yr un pryd, tybed a fyddai modd cyfaddawdu, gan nad oeddwn yn teimlo fy mod wedi niweidio'r Cwmni mewn unrhyw fodd. Byddai colli Prif Weithredwr mor weithgar a phroffesiynol ag Aled yn llawer mwy o golled na cholli cyfarwyddwr fel fi. Nid oeddwn wedi awgrymru am funud bod Aled wedi dweud celwydd.

Dros y blynyddoedd ro'dd Acen (a minnau'n un o'i ymddiriedolwyr) wedi cyfrannu £110,000 i'r Nant mewn amryw ffyrdd, heb sôn am y mynych gyrsiau y bu'r ddiweddar Elen Rhys yn gyfrifol am eu trefnu. Gwnaethai hyn, wrth gwrs, am ei bod yn caru'r Nant, fel llawer o bobl eraill. Ar ddiwedd Tachwedd 2003, teithiais i gyfarfod o Gwmni'r Nant am y tro olaf. Dyma'r cyfarfod lle derbyniodd y Bwrdd fy ymddiswyddiad. Yn lolfa'r Plas cyn y cyfarfod, ymddiheurais i'r Bwrdd unwaith eto, ond ro'dd hi'n amlwg na fyddai Aled yn medru ystyried cydweithio gyda mi bellach. Ro'dd hi'n amlwg hefyd bod penderfyniad y Bwrdd i dderbyn fy ymddiswyddiad yn anochel, a bod cadw'r Prif Weithredwr yn llawer pwysicach.

Dychwelais i Gaerdydd yn teimlo'n hynod o isel a diflas. Rywsut, doeddwn i ddim yn gallu derbyn na fyddai gennyf fyth eto lais ar y Bwrdd. Ro'dd hi hefyd yn anodd dod i delerau â'r ffaith nad oedd dwy flynedd ar hugain o lafur cariad dros yr achos yn ddigon i dderbyn hyd yn oed gair o ddiolch oddi wrth yr un o'r cyfarwyddwyr. Ro'dd y ffordd y gadewais y Cwmni yn fy mrifo mwy na'r ffaith fy mod wedi ymddiswyddo, efallai.

Yn fuan iawn ar ôl i mi adael y Cwmni cafodd Aled Jones Griffiths ei apwyntio i swydd arall yng Ngwynedd ac apwyntiwyd Cadeirydd newydd i Gwmni Canolfan Iaith a Diwylliant Nant Gwrtheyrn.

Yn fuan ar ôl gorffen fel cyfarwyddwr, roeddwn yn rhedeg cwrs Treftadaeth Gymreig Gogledd America am wythnos yn y pentref, gyda deg ar hugain o fyfyrwyr brwd. Yn ystod yr wythnos, gofynnodd BBC Bangor i mi a allent ddod i ffilmio. Yn naturiol, roeddwn wrth fy modd yn cael cyfle i siarad am y cwrs a'r ddarpariaeth amrywiol. Byddai'n gyfle i rai o'r Americanwyr gael cyfweliad Cymraeg am y tro cyntaf – cyhoeddusrwydd da i'r Nant.

Fodd bynnag, nid y cwrs oedd eu diddordeb. Fy ymddiswyddiad i fel cyfarwyddwr oedd yn dwyn eu bryd. Ond do'dd gen i ddim bwriad ar y pryd i adrodd fy stori, a chefais fy mrifo i'r carn pan sylweddolais fod un o staff y Nant wedi cael gorchymyn i dorri ar draws y cyfweliad petawn yn beirniadu Bwrdd y Nant. Rhyw brofiad anghysurus iawn oedd cyfarwyddo cwrs Treftadaeth Gymreig Gogledd America yr wythnos honno. Gwnaed ymdrech bellach gan y cyfryngau i gael fy stori yn Eisteddfod Genedlaethol Casnewydd – ymdrech aflwyddiannus, wrth gwrs.

Bellach mae'r Nant ro'n i'n ei hadnabod wedi diflannu, gyda

staff newydd, a nifer o gyfarwyddwyr brwd, goleuedig a gweithgar. Diolch i'w llafur ac i waith caled yr ymgynghorydd Jim O'Rouke, mae'r ddarpariaeth yn addas iawn i'r 21ain ganrif. Mae'r Ganolfan bellach yn foethus ar ei newydd wedd. Gallaf edrych yn ôl ar fy nghyfnod yno gyda llawer o atgofion melys, wedi mwynhau bod yn rhan o'r datblygiad. Bu cydweithio gyda chynifer o gyfarwyddwyr ac ymddiriedolwyr galluog yn brofiad gwerthfawr.

Fy ngobaith bellach yw y bydd llwyddiant rhyfeddol y Nant yn mynd o nerth i nerth, gyda mwy a mwy o ddysgwyr brwd yn mynychu'r cyrsiau gydol y flwyddyn. Sylweddolaf fod cael digon o fyfyrwyr i fynychu'r cyrsiau preswyl yn sialens anferth i'r ganolfan iaith a bydd yn rhaid denu cwsmeriaid o feysydd eraill os yw'r Nant i ffynnu'n ariannol, ac wrth gwrs ar gyfer dilyn gweithgareddau Cymraeg. Dw i eisoes wedi perswadio rhai unigolion i fynychu cyrsiau eleni. Mae englyn buddugol R J Rowlands y Bala – enillydd cystadleuaeth ysgrifennu englyn i'r Nant ar raglen radio *Helo Bobol* flynyddoedd yn ôl – yn dweud y cyfan.

NANT GWRTHEYRN

Ein geiriau sy'n blaguro – yn yr hollt
Wedi'r hir edwino
Yno'n y gwyll, a hen go
Y genedl yn egino.

97

YMDDEOLIAD

ERS YMDDEOL yn gynnar o Forgannwg Ganol, bûm yn ddigon ffodus i gael gwaith fel swyddog iaith rhan-amser i Fwrdeistref Tâf Elai yn adran y Prif Weithredwr, yr hawddgar Dennis Gethin. Yn yr un cyfnod, bûm hefyd yn archwilio ysgolion cynradd ac uwchradd ar draws Cymru i nifer o gwmnïau annibynnol ar ran Estyn, swyddfa Arolygiaeth Ei Mawrhydi dros Addysg a Hyfforddiant yng Nghymru. Ceisiais bob amser fod mor adeiladol â phosibl yn hytrach nag yn feirniadol. Ro'dd gen i gydymdeimlad mawr ag athrawon Cymraeg ail-iaith uwchradd – roeddent yn aml yn ymladd i ddysgu plant oedd heb ronyn o ddiddordeb, mewn ysgolion lle nad oedd oedd gan y tîm rheoli ddiddordeb chwaith.

Cofiaf yn dda ymweld â rhai ysgolion uwchradd lle ro'dd yr athrawon yn methu'n lân â chael unrhyw ymateb llafar gan y plant, a'r rheiny'n gwawdio'r iaith. Ro'dd y dasg o geisio creu diddordeb yn y Gymraeg ymhlith plant oedd heb ddewis y testun ar gyfer TGAU yn amhosibl. Yn aml, prin hanner awr yr wythnos o Gymraeg a gaent, a hynny, wrth gwrs, er mwyn ymateb i ofynion statudol y cwricwlwm cenedlaethol. Yn aml, byddai'r wers honno wedi cael ei dwyn o amser gwersi Cymraeg disgyblion blwyddyn saith pan o'dd y rheiny'n frwd ac yn awyddus i ddysgu. Byddai un o wersi blwyddyn saith, felly, yn mynd i ddysgu plant 15+ a oedd heb ronyn o ddiddordeb, ac nad oeddent chwaith wedi dewis Cymraeg fel testun ar gyfer yr arholiad TGAU. Ie, cwbwl amhosibl, ac yn tanseilio statws yr iaith yn yr ysgol.

Gwaith poenus iawn i mi oedd gorfod adrodd bod safon y Gymraeg yn anfoddhaol, oherwydd gwyddwn yn ddigon da taw diffyg adnoddau ac amser oedd yn gyfrifol am hynny'n aml, yn hytrach nag unrhyw ddiffyg ar ran yr athawon. Bu gwneud y

Gymraeg yn orfodol i ddisgyblion saith i un ar bymtheg oed yn gam anffodus iawn. Serch hynny, ro'dd adegau digon hapus weithiau wrth archwilio. Er enghraifft, roeddwn ar un achlysur yn archwilio dosbarth mewn ysgol gyfun yng Nghaerffili, dosbarth oedd yn astudio ar gyfer yr arholiad TGAU. Cyhoeddodd yr athrawes, 'Dw i ddim yn mynd i'ch dysgu chi heddiw – ond mae Mr Evans yn mynd i wneud!'

Am eiliad, do'dd gen i ddim syniad sut i ymateb – arolygu, gwrando, ac ysgrifennu o gefn y dosbarth oedd fy ngwaith i. Fodd bynnag, penderfynais dderbyn y sialens, ac ro'dd y dosbarth yn hyfryd. Roeddwn yn fwy na hapus gydag ymateb hwyliog y plant. Wrth gwrs, ro'dd disgwyl i mi farcio gwaith yr athrawes ac ymateb y plant, ar raddfa o un i bump; un yn dda iawn, a phump yn anfoddhaol. Ar y diwedd gofynnodd yr athrawes i mi sut y bwriadwn farcio'r wers. Atebais, 'Safon yr athro – un; safon y plant – pump!' Chwerthin wnes i a'r athrawes. Y prynhawn hwnnw, gwyddwn yn iawn na fyddai'r plant erioed wedi medru siarad mor hyderus oni bai iddynt dderbyn gwersi o safon uchel gan nifer o athrawon cydwybodol. Ffordd newydd effeithiol o arolygu ysgolion, efallai!

Ro'dd hi bob amser yn braf gallu dweud wrth athrawon a phrifathrawon bod y safonau'n dda yn yr ysgol. Ceisiodd un prifathro bwyso arnaf i newid fy mhenderfyniadau, ond methiant fu ei ymdrechion, wrth gwrs. Trefnodd fwffe neis iawn cyn cyflwyno fy adroddiad iddo ac i'r adran – yr unig bwnc yn yr ysgol i gael y fath driniaeth. Pam tybed? Do'dd cael bwffe byth yn mynd i newid fy marn i am y safonau, ac aros yn anfoddhaol fu dyfarniad y diwrnod hwnnw. Do'dd hi ddim yn hawdd weithiau gorfod dweud wrth ysgolion bod y safonau'n anfoddhaol, a'r athrawon yn gwneud eu gorau i lwyddo.

Dim ond un ysgol a archwiliais yn Lloegr, sef ysgol gynradd yn Warrington, ardal dlawd a difreintiedig. Cyn i'r plant gael mynd allan i chwarae bob bore, arferai criw o rieni fynd o gwmpas tir yr ysgol i gasglu nodwyddau a photeli cwrw gwag.

Wrth groesawu'r tîm archwilio i'r ysgol, dywedodd y prifathro wrth y plant fod un o'r tîm yn dod o Gymru, a'i fod yn siarad

Cymraeg. Gofynnodd i mi tybed a fyddwn yn barod i ddweud 'good morning' wrth y plant yn Gymraeg. Yn naturiol fe gytunais, ac am weddill yr wythnos, braf oedd clywed y plant yn dweud 'bore da' – hyd yn oed yng nghanol y prynhawn! Gofynnodd un dosbarth i mi roi gwers Gymraeg iddynt, ond yn anffodus ni allwn am nad oedd amser yn caniatáu, ac archwilio oedd fy mhriod waith. Mae llawer iawn o ysgolion ardderchog mewn ardaloedd tlawd, a phrofiad pleserus iawn oedd yr wythnos yn Warrington.

Wrth ymweld ag ysgolion yng Nghlwyd, braf oedd gweld defnydd da yn cael ei wneud o adnoddau a baratowyd gan athrawon bro Morgannwg Ganol. Gwneid defnydd hefyd o ddeunyddiau dysgu Clwyd yn ein hysgolion ni yn y de-ddwyrain. Pan fo adnoddau dysgu mor brin, mae cyfnewid o'r math yma rhwng awdurdodau yn hollbwysig.

Gyda'r twf cyson mewn ysgolion Cymraeg, mae lle i gredu bod Cymraeg ail-iaith wedi colli ei statws mewn nifer fawr o ysgolion. Ond, er gwaetha'r twf hwn, dylid cofio bod y niferoedd sy'n mynychu'r ysgolion hynny yn dal yn lleiafrif bach. Er bod gorfodaeth mewn grym i ddysgu Cymraeg ail-iaith, prin yw'r dystiolaeth bod y system yn cynhyrchu mwy o siaradwyr Cymraeg ar draws y wlad.

Gydag ailstrwythuro llywodraeth leol yn y 1990au, daeth bwrdeistref Tâf Elai yn rhan o sir newydd Rhondda Cynon Tâf, a bûm yn swyddog iaith rhan-amser i'r sir newydd, eto yn Adran y Prif Weithredwr. Yn ystod y cyfnod hwn, cyflwynwyd cynllun iaith statudol a oedd yn dderbyniol gan Fwrdd yr Iaith. Cafwyd cefnogaeth arbennig o dda gan swyddogion y sir, a sefydlwyd gweithgor sirol i arolygu datblygiad y cynllun uchelgeisiol.

*

Dw i'n hollol argyhoeddedig y dylwn fod wedi aros yn athro, gan mai yn y stafell ddosbarth yn Nhon yr Ywen y bûm i hapusaf erioed. Er, dwi'n sylweddoli y byddai wedi bod bron yn amhosibl parhau'n frwdfrydig dros gyfnod o ddeugain mlynedd. Erbyn hyn, dw i'n dysgu nifer o oedolion yn unigol. Mae eu cefndir yn amrywio'n sylweddol iawn, ond maent i gyd yn llawn mor frwd. Maent yn cynnwys Cadeirydd a Phrif Weithredwr Cyngor y Celfyddydau, gweision sifil yn y llywodraeth, dau glerc llys, ac un postmon. Y cyntaf i mi ddysgu'n unigol oedd Rachel Lomax, Ysgrifennydd Parhaol yn y Swyddfa Gymreig, ac roeddwn hefyd yn dysgu Ron Davies, yr Ysgrifennydd Gwladol ar y pryd. Ro'dd y ddau ohonynt yn gefnogol iawn i'w gilydd, a bu'n sialens ac yn bleser eu dysgu. Mae Rachel bellach wedi ymddeol fel Dirprwy Lywodraethwr Banc Lloegr ac mae ar fwrdd HSBC. Mae Ron yn weithgar iawn fel Cynghorydd Sirol Annibynnol yng Nghaerffili. Er ei fod yn rhugl yn y Gymraeg, prin iawn yw ei ddefnydd cyhoeddus ohoni.

Mae mesur deddf iaith newydd yn y broses o fynd trwy'r Llywodraeth ar hyn o bryd. Bydd hyn yn rhoi mwy o bwysau ar bob math o gyrff preifat i gynnig gwasanaeth yn Gymraeg. Os bydd hyn yn golygu bod rhaid iddynt gynnig cyfleusterau llafar Cymraeg, yna bydd yn rhaid cael chwyldro yn narpariaeth y drefn o ddysgu Cymraeg i oedolion.

Mae amharodrwydd pobl sy'n medru'r Gymraeg i siarad yr iaith yn broblem sydd ar gynnydd. Mae cael arwyddion Cymraeg a deunyddiau ysgrifenedig dwyieithog yn bwysig iawn, wrth gwrs. Yn ôl pob sôn, mae'r diwydiant cyfieithu yn tyfu'n llawer cynt na hyd yn oed diweithdra yng Nghymru, ond mae lle i gredu mai ond ychydig o'r hyn a gyfieithir sydd yn cael ei ddarllen. Yn yr un modd, mae'r holl hysbysebion dwyieithog sy'n ymddangos yn gyson yn y *Western Mail* yn gyfraniadau pwysig iawn i gyllid y papur newydd, ond a oes unrhyw un yn eu darllen?

Mae Deddf Iaith 1993 wedi bod yn garedig iawn i sawl cwmni, sy'n derbyn tâl da am gynhyrchu deunyddiau dwyieithog, llawer ohonynt yn werthfawr. Dros y blynyddoedd nesa, oni fyddai'n bwysicach sicrhau cyllid digonol i ryddhau pobl o'u gwaith i fynychu cyrsiau Cymraeg dwys iawn, fel bod mwy a mwy o bobl yn abl i weithio'n hyderus yn llafar ac yn ysgrifenedig yn y ddwy iaith? I wneud hynny byddai'n rhaid gwario'n sylweddol iawn i sicrhau bod tiwtoriaid yn derbyn hyfforddiant proffesiynol i gyflwyno'r Gymraeg mewn ffyrdd newydd, cyffrous a hwyliog.

Aeth hanner canrif heibio bellach ers i mi adael pentref uniaith-Gymraeg Bwlch-llan. Ond medraf ddweud yn weddol hyderus ac eithrio un neu ddau deulu Saesneg sydd wedi symud i mewn i'r ardal, taw yr un yw'r teuluoedd sydd yno nawr â phan ro'n i'n blentyn. Soniais eisoes am bwysigrwydd y capel fel canolbwynt gweithgareddau crefyddol a diwylliannol yr ardal, a diolch i griw bach o bobl, mae drws y capel yn dal ar agor. Mae'r diolch hwn i'r cyn-weinidog, y Parchedig Stephen Morgan, a nifer fechan o flaenoriaid gweithgar. A'r sawl sy'n clymu holl weithgareddau'r ardal at ei gilydd yw Polly Morgan, sy'n byw yn y Tŷ Capel ar sgwâr y pentref. Mae hi'n gweithio'n ddiflino dros bob achos da a gwerthfawr. Mae gen i syniad hefyd bod Polly yn cael llawer iawn o gymorth ymarferol oddi wrth ei merch, Bronwen, sy'n Brif Weithredwr Cyngor Sir Ceredigion.

Mae'n drist iawn meddwl y daw'r dydd, cyn canol y ganrif hon, na chlywir yr un gair o Gymraeg, bron, mewn unrhyw gymdeithas yn yr ardal. Yn anffodus, mae'r sefyllfa hon eisoes yn bodoli mewn rhannau helaeth o Gymru. Sut mae hyn wedi digwydd, dwedwch?

DIDDORDEBAU

A MINNAU bellach ag ychydig mwy o amser i ddilyn fy niddordebau, dw i'n ffodus iawn fod gen i gynifer ohonynt. Eleni, byddaf yn dathlu hanner can mlynedd o ddilyn yr Adar Gleision, neu'r 'City' fel y'u gelwir yng Nghaerdydd. 'Trueni!' fuasai ymateb llawer un o glywed hynny, mae'n debyg, a'r clwb o dan gymylau mawr a thrafferthion ariannol. Mae hi'n hawdd iawn edrych yn ôl, fodd bynnag, a chofio am gynifer o uchafbwyntiau. Wrth i mi ysgrifennu, dw i'n dal i alaru ar ôl y siom yn Wembley ar y 22ain o Fai 2010. Ofer fu'r ymdrech i gyrraedd yr Uwch Adran eleni, ond edrychwn ymlaen at gymryd lle Blackpool yn nhymor 2011–2012!

Y gêm gyntaf a welais erioed oedd Caerdydd yn erbyn Wolves, yn mis Tachwedd 1960. Capten Wolves oedd yr enwog Billy Wright, a oedd hefyd yn gapten ar Loegr. 1–0 i Wolves oedd y sgôr terfynol, a bu'n ymarfer cychwynnol i mi ddysgu y byddai colli yn stori gyffredin iawn yn eu hanes! Pwy all anghofio'r gôl hwyr iawn gan Campbell yn y gêm yn Stadiwm y Mileniwm yn 2003, pan enillodd Caerdydd ddyrchafiad i'r bencampwriaeth? A dyna unig gyfraniad Campbell i'r clwb erioed, bron.

Ro'dd 2008 yn flwyddyn Cwpan yr FA i Gaerdydd. Cefais y cyfle i fynd i Wembley ddwywaith, i'r rownd gyn-derfynol pan sgoriodd Joe Ledley ei gôl hyfryd. Daeth Tegwen a'n nith, Nest, ac Aled Gwyn i'r rownd derfynol. Cawsom ddiwrnod i'w gofio, ond yn anffodus colli 1–0 i Portsmouth fu ein hanes. Ro'dd y ddau glwb bellach mewn trafferthion ariannol enbyd.

Arferwn fynd i bob gêm yng nghwmni Lloyd, fy mrawd, a'n cyfaill Howard Spriggs. Byddai Lloyd a minnau yn cael trafodaethau hir ar y ffôn ynghylch gogoniannau pob gêm – neu'r gwendidau, yn fwy aml. Yn anffodus, mae Lloyd a Howard bellach wedi'n gadael. Bydd Aled Gwyn ac Eifion Hopwood yn gymdeithion i mi bellach, a'r ddau ohonynt fel finnau yn dioddef cyfnod o'r felan ar ôl i'n tîm annwyl golli gêm. Dw i wedi sicrhau bod enwau Lloyd a Howard ar garreg goffa ar y Ninian Walk, sef y llwybr sy'n arwain o'r hen Barc Ninian i'r stadiwm newydd.

*

Mae cerdded yn un o'm diddordebau eraill. Dw i'n ffodus iawn i gael byw mor agos at barc Cefn Onn yng ngogledd Caerdydd, a byddaf yn mynd am dro i'r parc ddwy neu dair gwaith yr wythnos. Oddi yno, mae'n bosibl cerdded i fyny'r Graig a thrwy'r goedwig i Rhydri ac i'r Maen Llwyd, hen dafarn lle gallwch gael pryd hyfryd o fwyd, a phaned dda o goffi.

Ers sefydlu cymdeithas Wi'n Minny Gerdded capel Minny Street, byddaf yn trefnu teithiau i amrywiol fannau diddorol yn ne Cymru. Mae pawb yn cael llawer o hwyl – ond mae'r trefnydd, druan, yn ei chael hi'n ddidrugaredd os na fydd pob taith yn wastad-ish! Ar ar ôl cerdded am ryw ddwy neu dair awr, cawn ginio braf, sydd bob amser yn cael ei werthfawrogi.

Mae cymdeithas Eglwys Minny Street yn bwysig iawn i mi a'r teulu. Fel aelodau, rydym yn ffodus i gael Owain Llyr Evans fel ein gweinidog ac ar fore Sul bydd y capel yn llawn, gyda llawer o rieni ifanc a'u plant. Mae Owain yn ffodus iawn hefyd bod ei wraig Lona yn gwneud cymaint o waith bugeilio, a'u plant Connor a Siani yn fwy na pharod i roi cymorth pan fo eisiau. Mae cymdeithas Minny Street yn un wresog, gyfeillgar-gytûn, ac mae bwrlwm y gweithgareddau a drefnir yn cael cefnogaeth gref iawn bob amser. Braf iawn yw gweld cynifer o bobl ifanc yn y gwasanaethau, ac yn arbennig y myfyrwyr ffyddlon sy'n mynychu'r oedfaon. Ers rhai blynyddoedd dw i wedi bod yn ddiacon, a dw i'n ei chyfrif yn anrhydedd cael gwneud ychydig dros yr achos ymysg pobl sydd mor weithgar.

Mae amser gen i bellach hefyd i geisio helpu ein plant a'u plantos bach hwythau. Mae Tegwen a minnau mor lwcus bod ein tair merch a'u teuluoedd yn byw yng Nghymru – Elin a Beca yng Nghaerdydd, a Manon yn Aberaeron. Wedi gadael yr ysgol, aeth

Elin i Lundain i astudio Seicoleg, Beca i Fangor i astudio Cymdeithaseg, a Manon i Lerpwl i astudio Daearyddiaeth, ac yna i'r Royal Holloway i astudio ymhellach. Wedi graddio, do'dd yr un ohonynt yn siŵr pa yrfa i'w dilyn, felly bu'r tair mewn amryw o swyddi, gan weithio i Acen, y Bwrdd Dŵr, Cymdeithas Adeiladu'r Principality, Pizza Hut, a Pizza Express. Do, cawsant brofiadau diddorol iawn mewn gwahanol sefyllfaoedd gwaith cyn penderfynu ar yrfa i'w dilyn.

Ar y pryd, ro'dd Ysgol Gyfun Glantaf yn awyddus i gynnig Cymdeithaseg yn rhan o'r cwricwlwm a chan fod prinder athrawon â chymhwysterau yn y pwnc, cafodd Beca gynnig y gwaith ond, am nad oedd wedi gwneud ymarfer dysgu, bu'n rhaid iddi wneud ei hyfforddiant yn rhan-amser, gan fynd i'r coleg gyda'r nos i gael cymhwyster athro.

Yn yr un modd, ychydig yn ddiweddarach, ro'dd Glantaf a Plasmawr (ysgolion cyfun Cymraeg Caerdydd) am gynnig Seicoleg ar y cwricwlwm, ac ar ôl hyfforddi'n rhan-amser, llwyddodd Elin hefyd i ddod yn athrawes drwyddedig.

Cwblhaodd Manon ei chwrs ymarfer dysgu hithau yn Adran Addysg Aberystwyth, a chafodd ei phenodi'n Bennaeth Daearyddiaeth yn Ysgol Uwchradd Aberteifi. Erbyn hyn, mae'n Bennaeth y Gyfadran Ddyniaethau yno, ac yn awyddus iawn i ddysgu mwy a mwy o Ddaearyddiaeth trwy gyfrwng y Gymraeg. Mae Rhys, ei gŵr, hefyd yn athro Daearyddiaeth yn Ysgol Gyfun Penweddig.

Mae Elin yn dal i ddysgu ei phwnc trwy gyfrwng y Gymraeg, ac wedi gwneud llawer i ddatblygu Seicoleg fel pwnc, trwy gydweithrediad Cyd-bwyllgor Addysg Cymru.

Mae Beca'n Bennaeth y Chweched Dosbarth yng Nglantaf yn ogystal â dysgu ei phwnc, ac yn datblygu Cymdeithaseg – eto trwy gydweithio gyda CBAC.

Ie, dyna ni, teulu llawn o athrawon. Diolch byth fod Richard, gŵr Beca, yn dod â thipyn o amrywiaeth i'r teulu trwy fod yn beiriannydd sifil. Mae Tegwen a minnau'n hapus iawn fod y merched wedi dewis dysgu fel gyrfa, a hynny trwy gyfrwng y Gymraeg. Mae bod yn athro o hyd yn cynnig sialensau sylweddol, a llawer o bleser a boddhad – os ydych yn hoffi plant.

*

Rydyn ni wrth ein bodd yn teithio'r byd. Dw i bellach wedi teithio'r pum cyfandir, gan fwynhau sawl gwyliau hyfryd ac amrywiol iawn ers i mi ymddeol. Cawsom dair wythnos fythgofiadwy yn China, a chael cipolwg diddorol ar eu gwladwriaeth gymhleth. Pwy na all ryfeddu at ryfeddod y Wal Fawr? Ac, i mi, uchafbwynt yr holl daith oedd gwyrth y Terracotta Warriors.

Ro'dd rhaid, wrth gwrs, mynd i Batagonia, lle ro'dd y cwmni'n hyfryd. Eto, dyma ryfeddu wrth gyfarfod â chynifer o siaradwyr Cymraeg a oedd mor falch o'u gwreiddiau. Mae'r croeso ym Mhatagonia mor wresog a hael.

Ar ôl bod unwaith yn Ne America, rhaid oedd ymweld â Pheriw i brofi rhin a rhamant Machu Picchu. Yr hyn sydd wedi bod yn braf ar ein gwyliau yw'r amrywiaeth sylweddol rhwng y gwahanol lefydd. Efallai taw'r gwyliau i'r Gambia oedd yr un mwyaf gwahanol a diddorol. Un awyren y dydd oedd yn cyrraedd y wlad pan oeddem ni yno, a chawsom y croeso rhyfedda gan ddawnswyr brodorol yn eu gwisgoedd lliwgar wrth inni gyrraedd! Do'dd yna ddim tarmacadam ar y ffyrdd yn Saracunda, y brifddinas, ond ro'dd y bobl dlawd yn hapus a llon, ac yn llawn hiwmor.

Wrth gerdded ar y traeth un diwrnod daeth bachgen ifanc hardd atom, a'n perswadio i fynd gydag ef i weld ei fwyty. Dyma ni'n mynd gydag ef i'r 'restaurant'. Ond do'dd dim byd yno – dim bwrdd, dim cadair, dim ffwrn, dim dŵr; dim ond cragen lwyd hollol wag. Gofynnon ni i'r bachgen beth fyddai fe'n gwneud tasen ni'n penderfynu aros i ginio. 'O,' meddai, 'baswn i'n benthyg popeth o fwyty fy ffrind wrth y twyni tywod.'

Fe aethom yno un prynhawn. Ar ôl casglu dodrefn ac yn y blaen, rhedodd yn syth i'r môr gan ddychwelyd gyda dau bysgodyn braf – allech chi byth gael bwyd mwy ffres na hynny!

Wedi'i weini gyda thipyn o reis, dyna un o'r ciniawau mwyaf cofiadwy gawsom ni erioed, er fod y cyfan wedi cymryd dros ddwy awr!

Ie, tlodi mawr, ond ro'dd y bobl i weld yn fodlon ar eu byd cyfyng. Ond efallai bod y twf mawr mewn twristiaeth bellach wedi agor eu llygaid i bethau na wyddent amdanynt cynt, ac yn debyg o greu elfen o fateroliaeth hunanol.

Profiad arbennig sawl blwyddyn yn ôl oedd treulio gwyliau yn India ym mhriodas Lowri, merch Non, ein ffrind. Parhaodd y ddefod a'r dathliadau i tua 600 o bobl am dri diwrnod. Ar ôl y briodas, cawsom dridiau o grwydro yn y mynyddoedd ac ymweld â phlanigfeydd te. Ro'dd hon yn daith fythgofiadwy.

Er bod crwydro i bellafoedd daear yn gallu bod yn gyffrous iawn, does yr un gwyliau gwell gen i nag wythnos mewn tywydd braf yng Nghymru. Mae cerdded llwybr arfordir sir Benfro bob amser yn hyfryd a gallaf ymffrostio fy mod wedi cerdded yr holl ffordd o'r Poppit i Solfach (ond dim ar un daith)!

Byddwn bob amser yn edrych ymlaen at dreulio amser gyda'n ffrindiau yn y Bala, a chrwydro'r gogledd yn hamddenol: caf fy synnu gan yr holl amrywiaeth tirwedd yno.

Mae cynifer o lefydd rhamantus yng Nghymru dw i'n mwynhau ymweld â nhw. Eglwys Pennant Melangell, Eglwys y Pistyll, Aberdaron, a Bwlch-y-groes yn y gogledd; Porthgain, Pwll Gwaelod, Llangrannog a Thresaith yn y De. Dyna rai o'r llefydd y byddaf bob amser yn edrych ymlaen at ymweld â nhw.

*

'Mae gen i awydd plannu gwinllan.' Dyna ddywedodd fy nghyfaill Kynric Lewis wrthyf sawl blwyddyn yn ôl, ond go brin mod i wedi ei gredu, oherwydd doeddwn i ddim yn meddwl y byddai'r hinsawdd yn ffafriol i'r fenter. Yn fuan wedi hynny, prynodd Kynric gae braf yn wynebu'r de ar fferm Panteg, ger yr M4. Gyda'i gefndir gwyddonol, astudiodd ansawdd y pridd, ac yna ystyriodd pa gyfuniad o winwydd fyddai'n rhoi'r cnwd gorau o rawnwin ar gyfer cynhyrchu gwin atyniadol a gwahanol, ac a fyddai'n addas ar gyfer lleoliad y cae. Penderfynodd ar gyfuniad o bedwar math o winwydd Almaenig ar gyfer gwin sych, tebyg iawn i Riesling.

Ro'dd Kynric yn awyddus i Lloyd a minnau i'w helpu yn y winllan, a daeth cyfaill arall, Richard Hall Williams, i roi cymorth nawr ac yn y man. Roeddem yn naturiol yn barod iawn i helpu mewn menter mor gyffrous. Yn y winllan, teimlai Lloyd a fi fel rhyw fath o weision fferm soffistigedig!

Bu'r flwyddyn nesaf yn hynod brysur a diddorol. Ar ôl aredig digon o dir, aed ati i blannu, i ddiogelu'r gwinwydd rhag y cwningod, ac i gadw'r planhigion yn weddol gynnes. Dros sawl penwythnos, buom yn dyrnu cannoedd o bolion i'w lle, a gosod gwifren haearn o ben un rhes i'r llall fel bod y canghennau'n gorffwys yn naturiol. Rhaid oedd gwrteithio'n gyson a gwneud yn siŵr, trwy docio'r planhigion, na fyddai'r tyfiant yn mynd allan o reolaeth.

Gwreiddiodd y mwyafrif llethol o'r gwinwydd yn ddidrafferth ac ar ôl tair blynedd o waith cyson a thyfiant da, aed ati i gasglu'r ffrwythau. Ni fu prinder gwirfoddolwyr i gasglu'r ffrwyth, ac ro'dd digon o gyfle am sgwrs gyda hwn a'r llall. Byddai nifer wrthi'n ddygn yn casglu o ben bore tan ganol y prynhawn, ac ambell un yn cyfiawnhau cael cinio trwy ddod tua deuddeg o'r gloch! Eglurodd Kynric nad oedd yna wahaniaeth o gwbl os oedd peth o'r ffrwyth yn dechrau pydru – ro'dd y *noble rot* hwn, meddai, yn ychwanegu at y blas. Meddyliais ein bod ni Gymry Cymraeg yn hen gyfarwydd â *noble rot*, o ystyried cyflwr ein hiaith a'n gwlad yn gyffredinol.

Ro'dd y cinio hyfryd iawn a ddarperid bob blwyddyn gan Bethan, gwraig Kynric, yn cyfrannu llawer at frwdfrydedd aml i gasglwr. Ro'dd dawn naturiol Kynric i dywallt gwin mor hael yn help hefyd!

Wedi'r cinio cynhaeaf un diwrnod, gofynnodd dwy actores bur enwog i mi a allwn roi lifft iddynt yn y bocs oedd ar flaen fy nhractor bach Siapaneaidd. Yn naturiol cytunais, ac euthum yn gyflym o gwmpas y winllan, a hwythau'n sgrechian am y gorau! Tybed a oes un ohonynt yn cofio mwynhad y bum munud hynny?

Rydym yn ffodus iawn fod yr arlunydd Kyffin Williams wedi dylunio label i'r gwin.

Ro'dd yr amrywiaeth yn y cynnyrch blynyddol yn sylweddol. Yn y flwyddyn gyntaf, llwyddwyd i gynhyrchu rhyw bum can potel. Flwyddyn arall, cawsom dros ddwy fil. Ro'dd rhew yn y gwanwyn weithiau'n lladd y blagur. Bu'r winllan yn hynod ffodus i gael rheolwr da yn David Gale, ac ef fyddai'n gyfrifol am gario'r ffrwyth i winllan Three Choirs Newent, lle byddai'r broses o baratoi'r gwin yn parhau yn araf dros y gaeaf.

Cafwyd blynyddoedd hynod ddiddorol a chyffrous yn y winllan ond, yn anffodus, trawyd Kynric yn wael gyda salwch difrifol, a'i ddymuniad oedd datgymalu'r cyfan. Bu hyn yn ofid mawr iddo yng nghanol ei salwch. Mae'r stafell gyfrinachol a ddefnyddid fel storfa wrth odrau Graig Llysfaen bellach yn wag. Ro'dd y stafell hon mewn hen fwthyn a addaswyd ac a adnewyddwyd i fod mor ddiogel â charchar, ac yn sicrhau nad oedd dim cyfle o gwbwl i leidr a syched arno! Ond llifa'r atgofion hapus yn ôl bob tro wrth basio.

*

Pan glywais bum mlynedd yn ôl fod posibilrwydd o sefydlu côr meibion newydd yng Nghaerdydd, penderfynais yn syth yr hoffwn ymuno. Efallai mai fy mhrif gymhelliad o'dd y parch a deimlwn tuag at fy Ewythr Albert, a fu'n arweinydd llwyddiannus iawn ar Gôr Meibion Bargoed Teifi. Mae Albert o hyd yn uchel ei barch yn ardal Dre-fach Felindre, ddeugain mlynedd ar ôl iddo farw.

Dyma fi'n mynd un nos Sul i'r Tabernacl, lle ro'dd rhyw bymtheg arall wedi ymgasglu. Croesawyd ni'n gynnes iawn gan Rob Nicholls, yr arweinydd, a Lowri Evans, y cyfeilydd. Cefais gryn syndod yn syth o weld mor ifanc oedd y grŵp. Dim ond rhyw dri 'hen ŵr' tebyg i mi oedd yno! O Sul i Sul, tyfodd yr aelodaeth yn gyson, a daeth mwy a mwy o ieuenctid brwd Cymraeg i ymuno. Hedfanodd y pum mlynedd cyntaf, ac mae trigain o aelodau yn y côr bellach. Dw i'n siŵr mai dyma'r côr meibion ifancaf yng Nghymru.

Eisoes cawsom lawer o lwyddiant. Enillwyd y wobr gyntaf yn yr Ail Gystadleuaeth Gorawl yn Eisteddfod Genedlaethol Caerdydd yn ail flwyddyn ein bodolaeth, a hynny yn erbyn chwe chôr arall. Mae'r amserlen yn orlawn a ninnau'n prysur baratoi i ganu yng nghyngerdd y Mil o Leisiau yn yr Albert Hall ym mis Hydref 2010.

Mae'r côr mor ffodus i gael arweinydd o allu a gwybodaeth Rob Nicholls, ac mae'r annwyl Lowri, ein cyfeilydd hyderus, yn sefyll allan fel rhosyn tlws yng nghanol y dorf wrywaidd arw. Mae pob un ohonom yn meddwl y byd o Lowri a Rob, ond mae Lowri yn cael gofal arbennig gennym, fel petai hi'n llestr bregus.

Yr hyn sy'n rhoi'r mwyaf o bleser i mi yw'r ffaith ein bod ni'r hynafgwyr wedi cael ein derbyn yn llwyr gan yr ieuenctid, ac mae'r hwyl a gawn yn aml ar ôl cyngerdd neu eisteddfod yn donic prin. Bwriadwn gystadlu yn y brif gystadleuaeth i gorau meibion yng Nglyn Ebwy eleni, ac i ganu eto yng Ngŵyl Fawr Aberteifi. Mae croeso i aelodau newydd o hyd – dewch i gapel y Tabernacl yng Nghaerdydd nos Sul am 7.30 yr hwyr. Mae'r pwyllgor yn brysur iawn yn trefnu'r rhaglen; bwriedir mynd i Sbaen yn 2011.

*

Seflydlwyd Acen fel prosiect tymor byr gan S4C. Y bwriad oedd creu corff i ddarparu deunyddiau ategol – er enghraifft cylchgronau, tapiau, a chryno-ddisgiau – ar gyfer rhaglenni S4C i oedolion oedd yn dysgu Cymraeg. Ymunais innau â Bwrdd Acen fel ymddiriedolwr yn 1990. Alwyn Roberts oedd y cadeirydd, ac Euryn Ogwen, Kath Morris, ac Emyr Byron Hughes oedd aelodau eraill y Bwrdd. Apwyntiwyd Elen Rhys yn Brif Weithredwr yn 1989, apwyntiad perffaith i berson oedd yn ferw o syniadau ac ar dân yn ceisio achub ein hiaith.

Bûm yn cydweithio ag Elen pan oedd yn Swyddog Cymraeg i Oedolion CBAC. Gwyddwn yn dda am ei brwdfrydedd heintus dros bopeth Cymraeg. Hawdd fyddai ysgrifennu llyfr am y ffordd y datblygodd Elen y cwmni mewn amrywiol gyfeiriadau. Ro'dd hi bob amser mor frwd, a byth yn gallu ystyried methiant. Mae ei marwolaeth, a hithau mor ifanc, wedi bod yn ergyd enfawr nid yn unig i'r cwmni a'i theulu, ond i ddyfodol y Gymraeg.

Elen oedd Acen, i bob pwrpas. Roedd hi'n byw er mwyn ei gwaith, gan lafurio'n ddiflino dros nifer o brosiectau newydd ac arloesol. Mae yna waith mawr yn ein haros i sicrhau dyfodol y cwmni, ond rhaid gwneud hynny – petai ond er mwyn Elen.

Mae'r englyn a ysgrifennodd Euryn er cof am Elen yn ddisgrifiad perffaith ohoni:

> Seren wib ar siwrnai heibio – nid oedd
>   Gwyn, du na llwyd yno,
> Dim ond lliw a briw i'n bro
> Yw llanast ei cholli heno.

Ac mae'r hyn a ddywedodd John Walter Jones ar ei marwolaeth yn taro nodyn pwrpasol iawn: 'Byddai nifer yn hoffi meddwl eu bod wedi dylanwadu ar ddyfodol ieithyddol cenedl; ychydig yn unig fedr ddweud iddynt wneud – ro'dd Elen yn un o'r bodau prin hyn.'

*

111

Rhaid sôn am un diddordeb arall sy'n bwysig iawn i mi yn fy amserlen wythnosol brysur, sef Cymdeithas y Deri ar nos Fercher. Ar un adeg roeddem yn bump o aelodau, ond bellach dim ond tri ohonom sydd. Nid yw'r cyfansoddiad yn caniatáu i ni ethol aelodau newydd, er ar brydiau bydd ymwelwyr yn cael croeso. Dyma'r gymdeithas sy'n trin a thrafod mawrion bethau fel y Gymraeg, yr Urdd, yr Eisteddfod Genedlaethol, y Cynulliad, y Cyfryngau Cymreig, ac o dan bennawd Unrhyw Fater Arall – Clwb yr Adar Gleision! Y rhan fwyaf o'r amser, bydd yr aelodaeth yn unfarn ar bopeth – wel, tan nawr, beth bynnag!